伝教大師と日本の心

村田　昇

まえがき

わたくしが生を享けたのは、奥比叡麓の草深い里山である。そうして毎日、後ろに聖なる比叡の霊峰を仰ぎ、前には母なる琵琶湖を臨みながら育ってきた。物心がつき始めた幼少の頃から母親に手をつながれて急坂の山道を辿り、横川中堂と元三大師堂にお参りした。特に母の兄が自ら発心して登山し、僧侶としての本格的な活動を始めたばかりの四〇歳の時に病に倒れ、明治四四年に不帰の人となり、比叡山阿弥陀ヶ峰で師匠と共に永眠していることから、そのお墓にもお参りした。この意味から比叡山はわたくしにとって永遠に心のふるさとであり、特に海外に出た時には比叡山に額づいて初めて帰国した思いに浸ることができる。そして、忘れもしない昭和二〇年八月六日、広島市外の工場に学徒動員されていたために、原爆の被災から奇跡的に逃れることができ、迫りつつある本土決戦に備えて家族に永久の別れを告げるために帰宅したのが一五日、終戦の勅語が煥発された日であった。工場内に避難した多くの罹災者たちの呻吟を眼の当たりにし、また、広島高等師範学校内にいた恩師や級友たちが少なからずその犠牲となったことを知らされていただけに、早速、比叡山にお参りし、犠牲者のご冥福を祈るとともに祖国の復興のために微力を捧げることをお誓い申し上げたのが、つい先日のように思い出される。そうしてこれが、わたくしの研究や社会活動の原点になっていることは間違いない。それだけに今も、ハン六タイプ社長の福井一清氏の車に同乗させて頂き、家内と共に毎月三日にお参りを続けている。

その比叡山で昨年から、天台宗開宗千二百年大法要が営まれている。伝教大師最澄が比叡山頂に一乗止観院を創し、自刻の薬師像を安置したのが延暦七年（七八八）であり、その年が立教開宗の年とされているが、その天台宗が一つの独立した宗派として朝廷からも、奈良仏教の諸宗からも公認されたのが、大同元年（八〇六）正月二六日であり、今年でちょうど千二百年になる。この記念すべき年にわたくし自身も何かを残しておきたいという思いから、これまで仏教関係の学会紀要等に寄稿した論文を集めて一書にまとめることにした。この秋にと内示されている叙勲に対する感謝の念をもこめてである。

その論文とは次のものである。

宗教的情操の陶冶——生命に対する畏敬の念を基に

日本仏教教育学会『日本仏教教育学研究』第七号、平成一一年三月。

教育者としての伝教大師　『斎藤昭俊教授古希記念論文集』記念刊行会。こびあん書房、平成一二年三月。

伝教大師と日本の心　『山家学会紀要』第三号。平成一二年六月。

伝教大師と心の教育をめぐって　大正大学学術研究助成論文集『仏教における心の教育の研究』新人物往来社、平成一三年一月。

この中で「伝教大師と心の教育をめぐって」は、平成一〇年六月一九日に大正大学を会場として開催された第三回山家学会学術大会でその題名での特別講演を依頼され、その後に講演レジュメを基にして草し、『仏教における心の教育の研究』（大正大学学術研究助成）に寄稿したものである。その提出後に山家学会事務局から講演に係る原稿を求められ、紙数の関係もあり講演の前半部分のみを新たに書き直し、「伝教大師と日本の心」という題名で提出した。この度、この両論文を「伝教大師と心の教育をめぐって」という最初の題名で統合するとともに、かなりの修正加筆を行った。「教育者としての伝教大師」と共に、伝教大師最澄が開創された天台法華教がいかに日本本来の心に基づいたものであり、それが高弟たちによって継承され発展させられながら今日に至ったかがご理解頂けるとともに、そこから今日に求められている宗教的情操の涵養に対して一宗派を超えた在り方に対しても示唆を受けることができるのではないかと思っている。

学生時代から主としてドイツ系の教育哲学を研究してきたわたくしにとっては、日本思想、とりわけ仏教思想については全くの素人である。細々ながら最澄の教えを読み始めたのは、平成元年に告示された文部省学習指導要領小学校「道徳」の改善に委員として深く関わり、その時に「生命に対する畏敬の念」が新たに道徳教育の目標に加わり、それに即して内容項目の全面的見直しが求められたからである。わたくしはここに戦後の日本が忘れていたものがあり、日本古来の心を求め、教育の原点に立ち返る必要を感じ、そのために先ず伝教大師の著作の校注書と研究書を繙いたのである。比叡山では時あたかも昭和六二年に迎えた比叡山開創千二百年を記念する事業がなされており、わたくしも天台宗関係幼稚園の先生方の研修会に講師として招かれたり、京都放送の番組「比叡の光・この人と語る」に「伝教大師と私」と題して二度も出演する機会を与えられた。第二百五十三世天台座主山田恵《え》諦猊下《たいげいか》（明治二八―平成六、一八九五―一九九四年）の『道心は国の宝』

（佼成出版社、昭和六二年）も刊行され、多くの教えを頂くことができた。そうしてご令息の畏友山田能裕師のご協力を得て『日本教育の原点を求めて——伝教大師と現代』（東信堂、平成元年）をも上梓したのである。

このようにして、伝教大師を中心として仏教思想をいくらか辿り、また、神道にも触れながら、これまで研究してきたドイツ教育哲学を踏まえ、一宗教・宗派を超えた宗教心を探り出し、宗教的情操の涵養の在り方を求めていったのであるが、それが最後の「宗教的情操の涵養」である。それまでにも、「心の教育」や「生命に対する畏敬の念」を育てることと関わって、宗教的情操の涵養については各所で述べてきたが、これを体系的に論じたのはこの論文が最初である。ただ当初には「宗教的情操の陶冶」としていたが、ここでの「陶冶」という用語を今日一般に用いられている「涵養」に変更させて頂いた。今日、教育基本法の改正と関わって、「宗教的情操の涵養」の取扱いが問題となっており、その中で特に公明党の某幹部は「宗教的情操というものは、一宗派に入って修養するぐらいでなければ不可能。憲法違反の恐れもある」と言ったとのことであるが、宗教的情操とはそのようなものでは決してなく、日常生活の中で常に関わっている事柄であり、それを幼少時から育ててこなかったところに今日の世相の悪化凶悪犯罪を激増させている原因があることを再認して頂ければ幸甚である。

最後に、不肖わたくしも本年、満年齢で傘寿を迎えさせて頂いた。となると、多分この書が最後の著作となるのではなかろうか。それだけに、この書が郷里の出版社であるサンライズ出版から刊行して頂くことができたことを悦びたい。これまで数多くの出版社と関係してきたが、サンライズ出版ほどに、原稿の確認から、組版、内校、装丁、発送に至るまで、筆者の思いを汲み取りながら誠心誠意をもって対処して頂ける所はそう多くない。わたくしも昨年の六月と今年の四月には引き続き拙著を二冊刊行して頂いたが、このように立派に上梓して頂ける出版社が地元にあることは、県民にとって大きな慶びであり、誇りとしなければならないと思っている。岩根順子社長をはじめ社員の皆々様に感謝申し上げるとともに、会社のますますのご発展を祈念するものである。

平成一八年八月一五日

村　田　昇

もくじ

まえがき

教育者としての伝教大師

はじめに……15
一　弟子の育成……17
㈠初期の弟子たち……17
㈡年分度者……18
㈢最澄の高弟たち……22
二　比叡での教法……26
三　山家学生式の教育学的意義……32

おわりに……37
註……39

伝教大師と心の教育をめぐって

はじめに……45
一　日本仏教の開創……47
(一)求法への道……47
(二)聖徳太子如来使説……51
(三)圓機淳熟説……55
二　日本の伝統的信仰に根ざす……58
(一)山修山学……58
(二)神祇思想……63
(三)依身より依所……66
(四)四宗兼学の総合的仏教……70

三　国家宗教の樹立と国際性……75
㈠国宝の育成と国家鎮護……75
㈡世界に開かれた国教……78
四　心の教育に示唆されるもの……89
㈠自然への回帰……89
㈡凡愚としての自己の自覚……94
㈢人間としての得難き生命を享けたことへの感謝……96
㈣求道の日々……100
㈤忘己利他……103
㈥「一隅を照らす」……108
㈦「口に麤言せず、手に笞罰せず」……111
㈧国際社会に開かれた国民性の育成……113
おわりに……117
註……120

宗教的情操の涵養 ——生命に対する畏敬の念を基に——

はじめに……129
一　宗教的情操の涵養とは……131
㈠現代人と宗教……131
㈡宗教的情操の涵養を求めて……137
二　畏敬とは……143
三　畏敬されるべき生命……147
㈠「生への畏敬」……147
㈡日本の心……148
㈢生命の意味……151
(1)生命の不思議さ……151
(2)生命の得難さ……154
(3)生命の連続性……156

(4) 生命の掛け替えのなさ……160
(5) 聖なる生命……162
(四) 自己をみつめる……166
(五) どう育てるか……173
(1) 心にやすらぎと落ち着きをもたらす場を構成する……173
(2) 自己自身に導きいれる体験に培う……176
(3) 感動的な文学・芸術との出会いを図る……180
(4) 自己を見つめる場を設定する——道徳の時間の充実……186
(5) 大人（教師）の感性を磨く……189
おわりに……192
註……194
あとがきに代えて……198

教育者としての伝教大師

はじめに

我が国仏教の開祖である伝教大師最澄（七六七―八二二）と弘法大師空海（七七四―八三五）を見てみると、空海がその生涯の中で自らの教義の体系を著書の中で完成したのに対し、最澄にはそれがなされていない。伝教大師の著作には徳一（七六〇？―八三〇？）との「三一権実論争」や「大乗戒壇独立」に反対する僧綱たちに向けられたものが多く、そこには大乗仏教や法華経の真義が厳密に仏典に論拠を求めながら展開され、自論が開陳されてはいる。しかし、その体系化はなされていないのである。

このことに対して、栗田勇は「彼の主要著作が空海のように整然たる構成をもった著作群となっていない事情は、じつは、もっと注意されていい。つまり、最澄にはもとより広い知識欲と考証癖、そして教理体系化への志向が強くあったにもかかわらず、彼は実際には、全国的教団の確立と維持拡張の実践に忙しく、一生では、著作と組織教団形成の二つは手にあまるほどの規模をもっていた。そこで彼はむしろ大乗の教えで衆生を救う実践と大乗の僧の育成に重きを置いていたようにみえる」と言っている（1）。

確かにそうであろう。それにしても、大師が志した天台教学は「円密禅戒」という四宗兼学の総合的な仏教であり、それを完成するためには、五五年の生涯はあまりにも短か過ぎた。しかも弘仁三年（八一二）には「遺言状」が書かれ、その中で「老病僧最澄」と記されており、この頃から、すでに心身に不調の兆しがあったことも予想される(2)。その中で「三一権実論争」と「大乗戒壇独立」の運動が展開されたのである。

しかし、大師の志はその遷化とともに消えることなく、その高弟たちによって継承され、発展され、天台教学が体系化されていく。しかも、そこから鎌倉仏教として多様な展開がなされていった。大師がこの高弟を育てていなかったとしたら、その後の日本仏教の展開はあり得たろうか。この意味において、最澄は天才的な宗教家であるとともに、希有な教育者であったと言わなければならない。

一　弟子の育成

㈠初期の弟子たち

伝教大師が延暦四年（七八五）四月六日（一九歳）に東大寺で具足戒を受け官学僧となりながら、一切を捨てて比叡山に草庵を構え、求道《ぐどう》の生活に入るのは、その僅か三ヵ月後の七月一一日である。同七年には一乗止観院を創し、自刻の薬師像を安置したと伝えられている。入山後六年の同一〇年二月六日には修行入位を授けられ、一三年九月三日には、一乗止観院で南都の善珠が大導師となり、初度供養が厳修されている（1）。

大師は、延暦一六年（七九七）（三一歳）に内供奉に任ぜられ、近江の正税によって山供の費用が負担されるに及び、一切経を書写することを発心した。『叡山大師伝』には、「ここにおいて、弘法《ぐほう》の心を発し、利生の願を発す。時に弟子経珍等に告談すらく、我れ一切経論章疏記等を写さんと思えり。凡在《あらゆ》る弟子各教喩を奉じ、凡網の教えに随い涅槃の文により、心を一にして行を同じうして一切経を助写する者に、叡勝、光仁、経豊等あり」と記されている。その際、経生の供に充てるために、奈良の七大寺に僧衆の針別《はちごと》に一匙の米を受けることを願い、経蔵と妙証を派遣したともある(2)。

塩入亮忠は、一乗止観院初度供養の時には既に善珠等の十八口の衆僧の中に叡山の義真、薬澄、延秀、真忠、道紹等が法会に参加していたとし、一切経を書写した経生として挙げられている人物等から見て、「大師の弟子となり、或いは師事した門弟は、恐らく数百に及んでいるであろうが、其の名が解っているだけでも百名を超えていた」としている(3)。

ともあれ、大師が籠山してからまだ十数年しか経ていないのに、すでに多くの支援者を見出すとともに、師事しようとした人物が少なくなかったことが分かるのである。

(二)年分度者

伝教大師は延暦二五年(八〇六)正月三日に「将に絶えんとする諸宗を続け、更に法華宗を加えんことを請う表一首」を桓武天皇に上奏し、「一目の羅《ら》は鳥を得ること能わず。一両の宗、何ぞ普《あまね》く汲むに足らん」(4)として、年分度者の総数を十二名とし、これまでの南都六宗に天台法華宗を加えられるよう請願した。これは直ちに勅許され、同年正月二六日には太政官符が出されて、ここに天台法華宗が公認されるに至る。

しかし、そこで定められた天台宗の毎年二名の年分度者は、桓武天皇なき後の平城天皇時代には、ただの一人もその得度を許されていない。ようやくその実現を見たのは、新制度発足の四年後、嵯峨天皇の大同五年（八一〇）正月一四日であり、『叡山大師伝』には「大同五年正月をもって宮中の金光明会において、始めて年分八人共に出家す。年々の度者あい続いて絶えず」(5)とある。しかし、その展開は決して順調には進んでいない。弘仁一二年（八二一）三月に朝廷の史記官に提出された『顕戒論縁起』には、弘仁七年までの年分度者の名簿が付けられているが、田村晃祐によれば、「弘仁六年の得度者の中の一名玄慧は、次の年度の得度者でも僧となっているのに沙弥のままであり、止観業で師主が最澄、本寺も比叡山止観院という点から見て、弘仁七年迄の僧の中では、ただ一人、初めから最澄の弟子であり、比叡山に住しながら沙弥のままであるという特異な点が目立つ」(6)のである。

『天台法華宗年分度者学生名帳』には、弘仁七年までには、得度の年度別に、遮那業・止観業の別、僧・沙弥の別、比叡山に住・不住の別、不住の理由、師主・本寺の別が記されている。弘仁八・九年の分は、簡単な記述に過ぎない。そうしてその冒頭には、「大同四年より弘仁九年に至る、合して二十四口の中、住山一十口、相奪・養母・随縁・死去一口」と記されている(7)。つまり、大同二年(八〇七)から弘仁九年(八一八)までの十二年間、二十四名の度者のうち十四名が下山していることになる(8)。結局、田村晃祐も言うように、「初期の学生名帳の傾向から、初期の十年間の年分度者は、師主・本寺とも奈良の者が多く、そのような僧は比叡山を去る者が多かったが、師主最澄、本寺比叡山の僧も弘仁六年の年分度者を始めとして徐々に養成されてきており、特に弘仁八年以後は全員が含まれ、このような人は全員比叡山に住していること、また止観業と遮那業では、弘仁九年迄の十二年間について見ると、遮那業の住山者三名に対し、止観業七名で、止観業に住山者が多いなどの傾向が見られる」(9)のである。

もともと奈良の寺で学問・修行し天台に転向して得度受戒した九名の中で、住山者が僅か二名でしかないということは、天台宗の年分度者の枠が利用されたのではなかろうか。また、今でも「論《ろん》・湿《しつ》・寒《かん》・貧《ぴん》」と言われているだけあって、比叡山での修行は寒湿が厳しく、経済的にも豊かでなかったであろう。住み易い都会での安住と名利を求めて、相奪に応じた者もあったろう。比叡山で修行しても奈良で具足戒を受けなければ僧侶の資格が与えられないとしたら、なおさらである。

伝教大師がこのままでは菩薩僧の養成が挫折し、円頓戒の三学が定着しないという危機感を抱いたことは当然であり、このことは『顕戒論』の中でも「此の宗の学生、小儀に拘せられて城邑《じょうおう》に馳散す。山室空しく蕪れて、将に円道を絶せんとす」(10)とか、「宮中の功徳これ清浄なりと雖も、而も山門の度者、未だ尽く清浄ならず。すなわち山家の度者にして山林を愛せず、競いて追求《ついぐ》を発することあり。已に本宗に背きて貧里に跉《りょう》跰《びょう》し、また真如を顧みず、後報を畏れず、身のため財を覓《もと》め、名のために交を求む。如来の遺教《ゆいきょう》、これに困って沈隠し、正法の神力《じんりき》、亦復《またまた》顕われ難し。もしその風を改めずんば、正道まさに絶えんとす。もし清浄を求めずんば、災を排うに由なからん」(11)と嘆かれている。このことから、「大乗戒壇独立」の運動が始められていく。

大師は、弘仁九年（八一八）九月三日に「今より以後、声聞の利益を求めず、永く小乗の威儀に乖かん。即ち自ら誓願して二百五十戒を棄捨す」(12)と述べ、小乗戒を捨てた。その二ヵ月後の五月一三日には、『天台法華宗年分学生一首』（六条式）を朝廷に提出し、新しい天台宗の僧侶養成制度の裁可を要請した。その二日後には、「比叡山天台法華院得業学生式」を記して得度以前の学生に対する規則が定められている。続いてその三ヵ月前後に、先の「六条式」を補う意味を持つ『勧奨天台宗年分学生式』（八条式）を、さらに翌一〇年三月一五日には『天台法華宗年分度者回小回大式』（四条式）を朝廷に提出して、その裁可を求めたのである。この六条式・八条式・四条式を合わせて『山家学生式《さんげがくしょうしき》』と呼ばれている。

㈢最澄の高弟たち

大師の再三の懇請にもかかわらず弘法大師の許に走り去ったあの泰範のように、下山した弟子もあったとしても、「論・湿・寒・貧」の中での厳しい修行に励み、山中で正法に身を捧げた者は多かったのである。『叡山大師伝』は、弘仁一三年（八二二）四月一九日（入寂一ヵ月前）に、自らの寿命が永くないことを感じた大師が弟子たちを集めて遺誡した際、その遺言に基づいて心を固めた「信心の弟子」が十四人あったとし、薬芬《やくふん》、円成、慈行、延秀、華宗、真徳、興善、道叡、乗台、興勝、円仁、道紹、無行、仁忠の名を挙げている(13)。さらに同年五月一五日に、最澄は一宗を義真に託して山寺の印を授け、院内のことを円成、慈行、一乗忠、一乗叡、円仁に任じ、この附嘱の書を仁忠と順円に附したが(14)、その際には、「大師の平居、門徒、数百あり、妙義を伝える者二十余人なり。興福寺の僧義真、大安寺の僧円澄これが首なり、なお、高位崇名の者あり」(15)としている。また、最澄遷化の翌年、弘仁十四年六月に大師の一周忌法会が修された際、「伝灯の段を抜けて講複（講師・副講師）の座に上る者」として、義真、円澄、光定、徳善、徳円、円正、円仁、仁忠、道叡、興善、興勝、仁徳、乗台の十三名が挙げられている(16)。さらに、三浦周行『伝教大師伝』には、「大師の一生に養成せる門徒の数は頗る多く、伝には門徒数百、妙義を伝ふるもの二十余人にして興福寺の義真、大安寺の円澄を始め高位地名の士多きことを記せり。今伝及び顕戒論縁起、学生名帳、相承脈譜、弘仁三年大師の遺言其他大師の消息等を参取して其主なるものの人名を列挙せば左の如きものあり」として四五名の門徒及び遺弟と、正二位右大臣藤原冬継等二十八名の帰依者及び外護の檀越の氏名を挙げている(17)。

これらの中で、分かる門弟について、簡単に触れておこう。

延暦一三年(七九四)の初度供養から名が見える者として、義真、延秀、道紹がいる。義真(七八一―八三三)は相模国に生まれ、俗姓は丸子連。若くして出家し、鑑真の弟子から戒律を東大寺慈賢から法相と唐語を学んだ。大師の入唐求法の際に訳語僧とし同行し、後に第一世天台座主となった。道紹は弘仁八年（八一七）の止観業年分度者である。

円澄（七七二―八三七）は、武州埼玉壬生氏の生まれで、延暦一七年（七九八）、写経の翌年、最澄に経典の助写を行った道忠に勧められて大師の弟子となった。承和元年（八三四）、第二世天台座主となった。道忠・広智門下が弟子入りした多数の中で最初の人と言われている。

年分度者の中で白眉をなすのが光定と円仁である。

光定（七七九―八五八。別当大師）は伊予国風早郡に生まれ、大同の始めに登山した。大同二年（八〇七）の年分度者となり、同五年正月、天台宗年分度者最初の得度者の一人である（止観業）。「大乗戒壇独立」の際、宮中や護命らとの折衝に当たった。その著『伝術一心戒文』には、その経緯が詳しく述べられている。

円仁（七九四―八六四。慈覚大師）は下野国壬生氏の生まれで、大同三年にその師広智に伴われて登山し、弘仁五年（八一四）、二〇歳で天台宗年分度者として得度（止観業）した。承和五年（八三八）七月二日に入唐し、五台山で『摩訶止観』を学び、長安で金剛界・胎蔵界潅頂を受けた。帰国を前にして、唐の会昌二年（八四二）に始まったいわゆる「会昌の廃仏」に遭い、名状し難い苦労を重ねながら承和十四年（八四七）に帰国した。この足掛け十年に及ぶ苦労の旅行記は『入唐求法巡礼行記』として著され、マルコ・ポーロ（Marco Polo, 1254 - 1323）の『東方見聞記』に優るとも劣らない旅行記として内外で高く評価されている。仁寿四年（八五四）四月、円澄の後を承けて第三世天台座主となった。その下に入壇受戒した道俗の数は比叡山中で百五十七人、都下で一千二百七十一人を数えると言われている(18)。この円仁によって、大師の悲願であった密教面での不足が補われ、天台教学が体系化されて行ったのである。

仁忠は不朽の名著『叡山大師伝』の著者とされるが、その伝は不明である。大師入寂後十二、三年、天長年間に没したとされている(19)。

徳円は下総国湲島郡に生まれ、弘仁二年（八一一）六月七日に比叡山で最澄から潅頂を受け、翌三年天台宗の年分度者（止観業）として得度した。

ここで名が見られないが、安慧《あんね》（七九四―八六八）も大師の弟子である。七歳で下野大慈寺の広智の弟子となったが、十三歳の時に広智に伴われて入山した。大師の没後は円仁に師事した。承和一一年（八四四）に法相の盛んな出羽国の講師に任ぜられ、その地で天台を大いに弘めた。貞観八年（八六六）に円仁の後を受けて第四世天台座主となった。

このように伝教大師の高弟たちは、大師の遺志を受け継ぎ、その布教に勤めるとともに、天台教学を完成し発展させていった。それればかりでなく、この弟子養成が延暦寺の伝統ともなっていく。義真門下からは円珍（八一四―八九一。智證大師、第五世座主）が、円仁門下からは相応（八三一―八九〇。建立大師）、遍昭（八一六―八九〇）、安然（八四一―九一五）らが、さらに円仁の流れを汲み、延暦寺中興の祖とされる良源（九一二―九八五。慈恵大師または元三大師、第十八世天台座主）門下からは、覚運（九五〇―一〇〇七）、尋禅（九三九―九九〇。第十九世座主）、源信（九四二―一〇一八。恵心僧都）、覚超（九五一―一〇三四）らが輩出している。そうしてそれぞれが独自な新しい領域を開拓し、やがて比叡山で学んだ傑僧たちによって多彩な鎌倉仏教が展開されていくことになる。

二　比叡での教法

それでは、これらの高僧たちはどのように育てられたのであろうか。

『叡山大師伝』には、前述した延暦一六年の一切経論疏等の書写の際に、「凡在《あらゆ》る弟子各教喩を奉じ、梵網の教えに随い涅槃の文により、心を一にして行を同うして一切経を助写する」とか、「大師随って写せば、随って読み、昼夜精勤して新教を披覧しほぼ義理を得たり」とある(1)。ここで言われる「梵網の教え」とは、『菩薩戒経』第四十四軽戒に不供養経典戒として、「一心に大乗経律を読誦して、皮を剥《はい》で紙となし、血を刺《さし》て墨となし、髄をもって水となし、骨を折って筆となし、仏戒を書写すべし」(2)とあることを意味していると言う。この心をもって子弟同行、昼夜を分かたず心血を注いで書写に携わり、大師が経論の校合を行い、あるいは書写されるに従って読破され、新写された経典の真意が解悟されていったのである。また、大同五年正月に初めて天台年分度者が出家した年には、「同年の春、道心の者を勧めて一乗止観院において、金光明、仁王、(法)華の三部大乗経を長講することを起こし始む。毎日、長講《じょうこう》して一日も欠かず。この願、この行、後際までにあに絶えんや。また弘仁三年七月上旬に法(華)三(昧)堂を造り、浄行の衆五六以上を簡んで、昼夜絶えず法華大乗経典を奉読せしむ。しからば弘誓の力は後際を尽くし、禅根の功は有情を覆《おお》わん。美(義)ならざるべけんや。美ならざるべけんや。種々の願文、別に巻軸に在り、毎座の添読、良《まこと》にこれ発心の境なり」(3)とする記述が見出される。これによっても、山家での修行の姿が伺われる。

大師はこのようにして、一乗止観院を静謐な霊地として、法華経を中心とする大乗経典を一日も休むことなく長講し、写経を行い、義理を求め、さらに「四種三昧」に勤め、国家鎮護と万人成仏を祈願する中で弟子たちを育てていったものと思われる。弘仁一三年の遺誡に見出される次の言葉は、そのすべてを語っている(4)。

毎日諸の大乗経を長講し慇懃精進に法をして久住《くじゅう》せしめよ。国家を利せんがため群《ぐん》生《じょう》を度せんがためなり。努《つ》力《と》めよ努《つ》力《と》めよ。我が同法等、四種三昧《ざんまい》を懈倦《けげん》することなかれ、兼ねて年月灌頂《かんじょう》の時節に護摩《ごま》し、仏法を紹隆《しょうりゅう》しもって国恩に答えよ。ただ我れ鄭重《ていちょう》にこの間に託生《たくしょう》して、三学を習学し一乗を弘通《ぐづう》せん。もし心を同じくする者は道を守り道を修《おさ》め、あい思うてあい待て。

このご遺誡に対して、前述した十四人の「信心の仏子」たちは、「あるいは元初より善友として起居倶に尽くし、あるいは海を渡り山に登って妙法を助け求め、あるいは徳海に浴して心垢《しんく》を洗い、あるいは入室に列して心眼を開く。すでにして同じく縁を結べる者共に盟誓《めいせい》を立てて生々あい待ち世々相続して、心馬を寂光の路に策《むちう》ち、心賓を妙覚の台に宴《やす》んぜんと」と誓ったと言う(5)。

また、教学の面から特に注目したいのは、次の言葉である。すなわち、「古師誤りあれば新師改むべし。若し義を改めずして、尚お其の文を用ひば、新師愚痴の失を免れず。汝義の相違を避くと雖も、師をして愚痴に堕せ令む」(6)。また、「凡そ仏法を住持《じゅうじ》する有《う》智《ち》の丈夫《じょうぶ》は、誠《まこと》に須《すべから》く、自宗の義といえども、若し邪義あらば後学《こうがく》に指示して誑惑《おうわく》すべからず。他宗の義といえども若し正義あらば、取り用いて伝うべし。此れ即ち智人《ちじん》なり」(7)。ここに学問の自由が謳歌されている。大師は身を以てこれに努め、正義を求め続けるとともに、弟子たちにも絶えず絶対の真理を求め続け、古師を超えていくことを教えたのである。もし大師が自説の墨守を求めていたならば、天台教学は閉鎖的・排他的な祖師信仰に留まっていたことであろうし、日本仏教の発展はあり得なかったことは間違いない。「我が為に仏を作る勿れ、我が為に経を写す勿れ、我が志を述べよ」(8)という遺言の言葉も、師主を絶対視せずに、真義を求め続けよとの教えと考えたい。

さらに述べなければならないのは、「我れ生まれてより以来《このかた》口に麤言《そげん》なく手に笞罰《ちばつ》せず、今我が同法、童子を打たずんば我がために大恩なり。努力《つと》めよ努力《つと》めよ」(9)という遺誡の言葉についてである。大師は『願文《がんもん》』からも自己を厳しく見つめ、謙虚であり、懺悔の日々を過ごしていたことが伺われる。また、「道が人を弘め、人が道を弘む。道心の中に衣食《えじき》あり、衣食の中に道心なし」(10)との言葉からも、大師はその名の通り「澄みきった心」の持ち主であり、名誉欲や地位欲、金銭欲に対してはまったく無縁であり、ひたすら求法三昧の日々であったことが分かる。しかも、「草木国土悉皆成仏」を旨として、一切の衆生に対しては温かい愛情、慈悲の心をもって当たり、「悪事を己に向え、好事を他に与え、己を忘れて他に利するは慈悲の極みなり」(11)とする「忘己利他《もうこりた》」の精神に生き、自分には厳しくても他人にはつねにその人格を尊重し、温かく寛大に接したと言える。あの泰範に帰山を勧める書簡を見ても、誠に温情の溢れるものを感じざるを得ない。この大師の人格が弟子たちに強い影響を与えたことは間違いない。ここに教育者としての最澄の真髄が見られるのである。

なお、大師は弘仁五年(八一四)に九州に、同八年に東国に、その他、兵庫・岡山等に巡化したと伝えられている。東国巡化は、東国に二ヵ所に一級の宝塔を建て、各塔に法華経一千部を安置し、毎日長講させることを目的としたものであるが、その途次に、交通の難所であった美濃・信濃間の神坂峠に広済院及び広拯院と称する宿所を建てたり、至るところで多数の地方民に接触して法華の教えを弘めている。上野の浄土院では一級の多宝塔を建立し、「一千部八千巻の法華経を安置し、塔下に於いて、毎日法華経を講じて一日も欠かさず、兼ねて金光明経仁王経等を長講し、所化の輩百千万を逾え、見聞の何れも歓喜せざる者はなかった」と言う[12]。常陸・武蔵・越後地方に、十数ヵ寺の大師創建の寺塔及び由緒寺があったとも伝えられている[13]。「所化の輩百千万」とは誇張があるとしても、日本教育史家の尾形裕康は「これは鎌倉以降の新興仏教の主唱者とその門流による社会教化運動の先駆をなしたものと見るべきである」とし、我が国の「社会教育運動の播種者であり、軌道を敷いた祖師」と位置づけ、さらに、『山家学生式』の「教育理念は、利他すなわち利国利民を中心としている。ゆえに世のために身を捧げる実践精神をもつ公民教育の指導者となる僧侶を養成した」ものとして、この流れにある「叡山の教育は、組織的なわが社会教育運動の源流となり、先駆をなしたものといえるのであろう」と言っている[14]。

三　山家学生式の教育学的意義

さらに尾形によれば、先に一言した『山家学生式』は「かつての僧侶教育に例がない〝教育方針・教育方法〟などの〝学則〟」として、「革新的な天台学制の教育計画である。童子に大乗仏教運動の徹底的な改革の火蓋をきったものである」。そして彼は、この制定の背景には「仏教の経論と大陸の宗教制度の摂取、わが大学制度の影響がある」が、しかしその作成の動因となったのは、山家で修行して得度した沙弥になった者が南都に相奪されるため、比叡山に永く留めようとしたことや、また、「最澄・空海間の感情のもつれ」があったことを挙げ、あえて山家の教育方針とその方法を明記して天裁を仰いだとしている(1)。それだけに、これには上述した比叡山での山林練行が教育的に組織化され、体系化されていると見ることができるであろう。

この『山家学制式』に定められたことについての根拠は、これに反対する護命たちの上奏文に対して反論するために書かれた『顕戒論』に見ることができる。これに基づきながら『山家学生式』についての考察を行うべきであるが、紙数の関係上、これは先行研究に委ね(2)、一般教育学の立場から特に重視されるべきことについてのみ述べておきたい。

まず、「六条式」の冒頭にある有名な言葉である(3)。すなわち、

国宝とは何物ぞ。宝とは道心なり。道心有るの人を名づけて国宝と為す。故に古人の言《いわ》く、「径寸十枚、是れ国宝に非ず。一隅を照らす、此れ国宝なり」と。古哲又云く、「能く言いて行うこと能わざるは国の師なり。能く行いて言うこと能わざるは国の用《ゆう》なり。能く行い能く言うは国の宝なり。三品《さんぼん》の内、唯言うこと能わず、行うこと能わざるを国の賊となす」と。乃ち道心有るの仏子を、西には菩薩と称し、東には君子と号す。悪事を己《おのれ》に向かへ、好事を他に与え、己を忘れて他を利するは慈悲の極《きわ》みなり。

「道心ある仏子国宝を作る」という大師の教学精神が明確に表明されている。そしてこの「国宝」とは、「四条式」に、「菩薩の国宝は、法華経に載せ、大乗の利他は摩訶衍《まかえん》の説なり。……利他の徳、大慈の力は諸仏の称する所、人天歓喜《にんてんかんき》す。……国宝・国利、菩

薩に非ずして誰ぞや。仏道には菩薩と称し、俗道には君子と号す。其の戒は広大にした、真俗一貫す」(4)とあることから、より明らかになる。塩入亮達は、『法華経譬喩品』第三に「その国の中、菩薩をもって大宝となす」と、また『摩訶止観』第五に「人師国宝、此に非んば是れ誰そ」とあり、さらに『輔行』第五に「須く教を以て人を利すべし。能説の行、為すこと堪うるを国宝に譬う」とあることから、「国宝」とは「自行と未聞と両方の解と両方の利を兼ね具足する者」、「行と解と共に備え、人の師となるに堪え得る者」とし、仏教で「菩薩」と言われる人を指すとしている(5)。大師は、この「道心ある仏子」が仏教国インドでは「菩薩」、中国では「君子」と称されており、利他・国利に生きる者が「国宝」であると考えているのである。

次に、十二年間の山修山学を経た学生の中で、「能言能行」の者は「国宝」として比叡山に留めて後進の育成に当たらせ、「能言不行」の者は「国師」として、また「能行不言」の者は「国用」として、諸国の講師に任命し、造寺、寺内の庶務、僧尼の糾正に携わるとともに、治山・治水等の利他の活動を行わせようとしている(6)。かつての行基菩薩(六六八―七四九)の所行が想起させられる。しかし、国師・国用であっても、直接に農業や商業を営んではならないが、常に読経と修心に専念すべきことが説かれている。

ここで「国宝」という言葉が二重の意味で使われていることに注意したい。もとよりその一つは、「能言能行」の菩薩としての国宝である。他の一つは「照于一隅」という意味での国宝であり、いかなる場所や地位にあっても自らがなすべきことに専念し、そこでなくてはならないとされる人間である。「国師」であろうと「国用」であろうと、「忘己利他」に生き、「一隅を照らす」ことによって、だれもが「国宝」となることが願われていると言える。これは教育学的に重要な意味をもつものと考えられる。

「六条式」の第三条に十二年間の山修山学を求められている根拠としては、『顕戒論』下に「謹んで蘇悉地羯羅経《そしつじからきょう》の中巻を案ずるに、云く、もし時念誦《じねんじゅ》を作《な》さば、十二年を経よ。縦《たと》ひ重罪ありともまた皆な成就せん。仮使《たと》ひ法具足せざるも皆な成就することを得んと。明らかに知んぬ、最下鈍の者も十二年を経れば必ず一験を得んことを。常転常講《じょうてんじょうこう》、二十六歳を期し、念誦護摩《ねんずごま》、十二年を限る。然れば即ち、仏法霊験ありて国家安寧なることを得ん」[7]（傍点筆者）とある。『願文』で「我れ未だ六根相似の位を得ざるより以還《このかた》、出仮せじ」と、「無上第一義のための金剛不壊不退の心願」を発し[8]、まさに十二年を超える籠山を勧めた大師自らの体験のしからしめるものでもあろう。ともあれ人間には、「能言能行」「能言不能行」「能行不能言」の別はあっても、だれもが仏子として、十二年間の歳月を何らかの道一筋に励み続けるならば、必ず一つの効験を得ることができるとされていることは、いわゆる優等生教育ではなく、今日に言われる「個性を生かす教育」が重視されていると言わなければならない。

ところでこの十二年間のいわゆる教育課程である。「八条式」に「初めの六年は、聞慧《もんえ》を正《しょう》となし、思修《ししゅ》を傍《ぼう》となす。一日の中、二分は内学、一分は外学《げがく》、長講を行《ぎょう》となし、法施を業となす。後の六年は、思修を正と為し、聞慧を傍と為す。止観業には、具に四種三昧を修得せしめ、遮那業《しゃなぎょう》は、具《つぶさ》に三部の念誦を修得せしめん」[9]とある。つまり、最初の六年間は師匠先輩から学び、経典を読むことが中心となるが、後の六年はそれと反対に、もっぱら思索を練り（思慧）、さらに自ら実行して真実を把握すること（修慧）に重点が置かれ、このようにして、聞・思・修の三慧を育てることが図られているのである。いわゆる象牙の塔としての学問ではなく、実践知が求められているのであり、尾形裕康も「利智よりも道心が重視されている」[10]と言っている。

次に、内学と外学についてである。塩入亮達は「説一切有部毘奈耶雑事第六」に〝日の初分および中、後に於いて仏教を読むべし。晩時に至るを待ちて外典を読むべし〟とある。一日を三分し二分は仏典、一分は外典を読むこと」とあると言っている[11]。「内学」

とは、言うまでもなく、仏教の学問であり、いわば専門教育に当たる。これに対して「外学」とは仏教以外の学問であり、いわば一般教育である。この外学の内容については示されていない。しかし、ここで自分の専門分野しか知らない狭い僧侶ではなく、普遍的教養を兼ね備えた広い人間性のある僧侶の育成が図られようとされていることは重要である。

ちなみに、「六条式」上奏の三日後に草された『比叡山天台法華院得業学生式』には、得度前の九年間に得度試験の準備教育を施すことが想定されている。これを合わすと、比叡山中における修学は二十一年間にわたることになる。しかもこの式文にも、諸人に仏法を自覚させ、国恩に報じて国家を鎮護するという誓いが述べられていることを言っておかなければならない(12)。

おわりに

以上の考察から、伝教大師が希有な教育者であるとともに、偉大な教育学者でもあったことが理解できる。特に『山家学生式』はまさしく総合大学の構想であると言える。世界最初の総合大学とされるイタリアのボロニア大学の創設が、十一世紀末から十二世紀初め頃と言われている。これに対して『山家学生式』が嵯峨天皇に上奏されたのが弘仁九年、西暦八一八年であり、それより二世紀以上早い。この先見性は高く評価されるべきであろう。それにしても、「大乗戒壇独立」が勅許されたのが大師の入寂一週間後の弘仁一三年（八二二）六月一一日であった。もし大師が生存し、この『山家学生式』の構想が実現されていたならばと思うと、その入寂が五六歳という若さであっただけに、惜しまれてならない。しかし、最澄が一切衆生の内に持つ仏性を信じ、我が国の土壌に立った新仏教を開創し、それによって国民の仏心を開悟し、「忘己利他」の心を以て「一隅を照らす」人間を育成し、以て国家を鎮護するという精神が、その高弟たちによって継承され、発展されたことは、我が国の仏教史及び教育史の中で特筆されなければならない(1)。しかも大師が意図した教育には単に僧侶養成だけでなく、教育一般に生かされるべきものをきわめて多く含んでいる。

物質的豊かさの中での心の貧しさのために様々な問題状況を生み出し、このため我が国本来の心を蘇らせることが肝要とされている今日において、日本仏教の祖師、文化・

教育の源流である伝教大師最澄の精神に立ち返らなければならないと考えるのは、決してわたくしだけではなかろう。このことについては、機を改めて論じたい。

註

はじめに

（1）栗田勇『西行から最澄へ』岩波書店、平成一一年。一五六頁。
（2）田村晃祐『最澄』吉川弘文館、昭和六三年。一三三頁。

一　弟子の育成

（1）三浦周行『伝教大師伝』御遠忌事務局、昭和二年、九八頁。
（2）釈一乗『叡山大師伝』『伝教大師全集』別巻、天台宗宗典刊行会、大正元年。八一頁。以下『全集』と略記。仲尾俊博『「山家学生式」序説』付「叡山大師伝」（石山寺本）永田文昌堂、昭和五五年。三八二頁。なお、光仁、経珍、妙澄については、三浦上掲書、一〇二頁。
（3）塩入亮忠『伝教大師』伝教大師奉讃会、昭和一一年。四八五頁。
（4）『天台法華宗年分縁起』『全集』第三巻、二六九頁。
（5）仲尾俊博、上掲書、四一九頁。
（6）田村晃祐、上掲書、一〇八頁。
（7）『天台法華宗年分度者得度学生名帳』『全集』第四巻、七三八頁。
（8）大同四年から弘仁九年に至る年分度者の中で、住山者は次の者である（括弧内は、年分、師主、本寺の順）。

・止観業……七名

光定（大同三。最澄）、徳円（弘仁三。円修・興福寺）、円正（弘仁二。最澄・興福寺）、円仁（弘仁五。最澄・興福寺）、一乗沙弥玄慧（弘仁六。最澄・比叡山止観院）、一乗沙弥道紹（弘仁八。最澄・比叡山止観院）、一乗沙弥興勝（弘仁九。最澄・比叡山止観院）

・遮那業……三名

徳善（弘仁二。修円・興福寺）、一乗沙弥道叡（弘仁八。最澄・比叡山止観院）、一乗沙弥興善（弘仁八。最澄・比叡山止観院）

(9) 田村晃祐、上掲書。一一〇頁。

(10) 『権戒論』下。『全集』第一巻、一八一頁。安藤俊雄・薗田香融『最澄』（日本思想体系4）岩波書店、昭和四九年。一一二頁。以下、岩波版と略称。

(11) 『権戒論』下。『全集』第一巻、一八一頁。岩波版、一三九頁。

(12) 『叡山大師伝』『全集』別巻、一〇〇頁。仲尾俊博、上掲書、四四一頁。

(13) 『全集』別巻、一〇四頁。仲尾俊博、上掲書、四四一頁。

(14) 『全集』別巻、一〇五頁。仲尾俊博、上掲書、四四二頁。

(15) 『全集』別巻、一〇八頁。仲尾俊博、上掲書、四四九頁。

(16) 『全集』別巻、一〇九頁。仲尾俊博、上掲書、四五〇頁。

(17) 三浦周行、上掲書、二八八頁以降。

(18) 塩入亮忠、上掲書、四九一頁。

(19) 塩入亮忠、上掲書、四九一頁。

二　比叡での教法

(1) 『叡山大師伝』『全集』別巻、八三頁。仲尾俊博、上掲書、三八三頁。

(2) 仲尾俊博、前掲書、三八四頁。

(3) 『叡山大師伝』『全集』別巻、九六頁。仲尾俊博、上掲書、四一九頁。なお、この「長講」の会式及び願文は、『全集』第四巻、七四八―九頁。
(4)『叡山大師伝』『全集』別巻、一〇八頁。仲尾俊博、上掲書、四四一頁。
(5)上掲書、同頁。
(6)『守護国境章』巻中之中『全集』第一巻、四四〇頁。
(7)『法華去惑』第二『全集』第四巻、八六頁。
(8)『伝述一心戒文』中『全集』別巻、一八八頁。
(9)『叡山大師伝』『全集』別巻、一〇四頁。仲尾俊博、上掲書、四四一頁。
(10)『伝述一心戒文』『全集』別巻、二二九頁。
(11)『山家学生式』『全集』第一巻、五頁。塩入亮達・中野義照『伝教大師・弘法大師』（仏教教育宝典3）玉川大学出版部、昭和四七年。三九頁。以下、玉川版と略称。
(12)塩入亮忠、上掲書、二九〇頁。
(13)参照、逸木盛照編『伝教大師御事跡誌』天台宗務庁教学部、昭和六年。
(14)尾形裕康「叡山の教育」天台学会編『伝教大師研究』早稲田大学出版部、昭和四八年。二〇〇頁。

三　山家学生式の教育学的意義

(1)尾形裕康、上掲論文、一九六頁。
(2)参照、仲尾俊博『「山家学生式」序説』永田文昌堂、昭和五五年。佐々木憲徳『山家学生式新釈』ピタカ、昭和一三年。等々。
(3)『山家学生式』『全集』第一巻、五頁。玉川版、三九頁。
(4)『山家学生式』『全集』第一巻、十―十一頁。玉川版、四八頁。
(5)玉川版、五〇頁。
(6)『山家学生式』『全集』第一巻、六―七頁。玉川版、四一頁。
(7)『顕戒論』下『全集』第一巻、一四四頁。岩波版、一一五頁。

（8）『願文』『全集』第一巻、五頁。岩波版、二八五頁。
（9）『山家学生式』『全集』第一巻、八頁。玉川版、四三頁。
（10）尾形裕康、上掲論文、一九六頁。
（11）玉川版、五一頁。
（12）『比叡山天台法華院得業学生式』『全集』第四、七三九―七四〇頁。岩波版、二〇二頁。

おわりに

（1）参照、斎藤昭俊『日本仏教教育史研究――上代・中世・近世』図書刊行会、昭和五三年。

伝教大師と心の教育をめぐって

はじめに

二〇世紀は科学技術の勝利の世紀であったと言える。「知は力なり」とばかりに人間悟性に絶対の信頼を置き、生活の進歩を追い求めてきた。その面では確かに成功したと言える。しかしそれが、人類に真の幸福をもたらし得たであろうか。シュプランガー（E. SPranger, 1882-1963）は言っている[1]。

ひとは、自然支配、有用性、便利さなどの一切の外的なものには、「発明の才」があった。しかし、内容豊かな人間生活と変化する生活形式の危険性に対して多少とも庇護するような新しい倫理的秩序とを構成することには、もはや「創造的」ではなかった。だから、技術的・経済的精神が倫理（Ethos）を押し潰し、また、たましいの失せた組織化の精神が、なくてかなわぬ愛の力を窒息させたのである。

特に我が国は明治以降、欧米に「追いつけ追い越せ」をモットーに近代化に猛進し、東洋における唯一の独立国、工業国として成長した。そして、第二次世界大戦によって瓦解したとはいえ、その廃墟と混乱から見事に立ち上がり、世界の経済大国として発展したのである。しかし、それはあまりにも経済優先であり過ぎはしなかったろうか。精神面が軽視はされなかったろうか。特に科学的合理主義の強い影響の下に、日本本来の心といったものは非合理的、封建的なものとして否定されはしなかったろうか。道徳教育ないし宗教的情操の涵養と言っただけで、進歩的文化人たちは、国を愛する心や公共に尽くす心とともに反動視しなかったろうか。家族制度まで否定しはしなかったろうか。シュプランガーの指摘は当を得ていると言わなければならない。これは、今日、世相が極めて悪化し、犯罪が激増するばかりか、凶悪化しており、しかもそれがいまや少年による殺傷事件ばかりか、母親による我が子殺傷や子による我が親の殺傷にまで及んでいることと、決して無関係ではなかろう。この建て直しのためには、失われた日本本来の心を取り戻すしか方法がなかろう。また、そうしてこそ、国際社会から信頼される日本人となり得るのである。

この意味において、その日本本来の心とは何かを求めることが大切となる。このためには、その日本の心を育てた源流に目を向けるべきであり、わたくしはそれが日本仏教の基を開創した伝教大師最澄（神護景雲元年―弘仁一三、西暦七六七―八二二）に求められると考えるのである。

一　日本仏教の開創

㈠ 求法への道

最澄は神護景雲《じんごけいうん》元年（七六七）、三津首百枝《みつのおびとももえ》の子として近江国古市郷に生を享け、幼名は広野《ひろの》と呼ばれた。古市郷とは大津市の瀬田川西方の湖南地方一帯を指すようであるが、生誕の地がどこであったかは定かでない。大津市坂本の生源寺が誕生の場所であったという伝承もある。三津首家は、後漢の最後の皇帝献帝（孝献帝、一八〇―二三四）の子孫である登万貴王の系統で、応神天皇の時代に来日し、近江国滋賀郡に定住し、三津首の姓を賜ったと言われている。浄足は自宅を寺院とする程に信仰深かった。

広野は「七歳にして、学、同列を超え、志、仏道を宗とし」(1)、一二歳の時、近江国大国師国分寺の行表（七二二—七九七）の許に弟子入りした。一四歳（度牒では十五歳）で国分寺の僧の欠員を補って得度を行い、最澄と号され、延暦四年（七八五）四月六日、東大寺で具足戒を受けた。幼少時から求め続けてきた僧侶としての第一歩を、弱冠一九歳（度牒では二〇歳）で踏み出すこととなる。その後しばらくは師主行表法師の住坊である大安寺に留まり修道生活を続けたが、青年僧最澄は当時の奈良仏教に宗教的懐疑心を抱くに至ったのであろうか、その三ヵ月後の七月一七日に、官学僧として保証された身分や地位の一切を捨てて、草深い比叡山に庵を設け、求道一筋の生活に入ることになる。

この最澄籠山の理由については、奈良仏教への懐疑や近江国国分寺の火災（七八五）等さまざまな説が出されているが、最澄の直弟子と言われて仁忠の著とされる『叡山大師伝』の記述に則った塩入亮忠の次の説がもっとも妥当ではなかろうか（2）。

自己の面目《すがた》を見つめれば見つめる程、罪障に満ちたその行迹に懼《おそ》れ戦《おのの》いた。十四の秋、得度してから、沙弥《しゃみ》の十戒すらよく持《たも》ち得なかった自己が、果たして二百五十戒を受持し得るであろうか。真実の道に目醒め、求法の心に燃える程、南都にあって官位を誇り、しかも行跡《おこない》が乱れた僧等とともに、安逸《あんいつ》の日を送ることは出来なかった。そこで心の乱れ勝ちな熱閙《ねつどう》の都を去り、誘惑の少ない山林に逃れて樹下石上に人生を静観し、朝思暮想《ちょうしぼそう》して心身を調えようと決心された。比叡山中寂静の地にありて、身を以て修行し真理の実証を目指して、行の生活へとその第一歩を踏み出したのである。

その最澄が比叡山で開創した「天台法華宗」の意図するものは、端的に、法華経の精神に基づいて一切を済度し、国家を鎮護することにあった。最澄はすでに近江の国分寺でその師僧行表から、「心を一乗に帰すべきこと」を教えられていたとされ、早い時期から天台に関する典籍を読んでいたと思われる。そして、戒律を広めるために来日した鑑真（六八八―七六三）が、元来は天台宗の僧であり、その請来した書物の中に天台の典籍が含まれていることを知り、それを写して天台教学を学んでいく。入唐求法を通じてその写本の誤謬を補うとともに、中国天台宗中興の祖とされる湛然（七一一―七八二）の弟子、道邃《どうずい》及び行満から天台教学を学び、天台智顗《ちぎ》からの血脈を相承した。

しかし、最澄の開創した天台法華宗は、大陸から直輸入したものでは決してなかったのである。ではそれは、いかなる仏教だったのだろうか。

塩入亨忠はその著『伝教大師』（日本評論社、昭和一三年）において、最澄が延暦二一年（八〇二）に和気弘世らの請により、高雄山寺で講経したその仏教思想が独創的なものであったことを特筆し、特に注目すべきものとして、聖徳太子如来使説、純圓機観、像末観、直道仏教観、経論本末観を挙げ、入唐前の大師の仏教観を次のように評価している(3)。

（以上は）何れも日本人としての自覚に基づく仏教観であって、これは印度支那の大陸文化を無批判にうけ容れる態度でも、また概念的に教学の深浅の論議にふけるのでもなく、日本人の真の力となり、生命となり得る仏法を樹立せんとする態度に他ならない。聖徳太子の大陸文化を摂受し給へる鑑識に、更に一歩を進めて、日本人の特質を自覚し、平安初期の時代相を考へ、日本に行はれるべき仏教は、一乗圓教の直道の教法でなければならぬと判じ、この教法に依ってのみ、日本人の仏教は樹立され、その真諦に觸るるに至るものであると云ふ主張であった。

高雄講経に関しては、『叡山大師伝』以外に徴すべき資料がないとされており、塩入の論はこの書と光定の『一心戒文』によってその内容を推知したものであるだけに、反論もあるかもしれない。しかし、最澄が樹立しようとした仏教が、大陸直輸入のものでは決してなく、日本の土壌をしかと踏まえ、日本人の特質に相応し、日本を指導するものであったこと、そしてそれが比叡籠山以来のものであったことに対しては異論がないのではなかろうか。塩入の指摘する五点の中に最初の二点についてのみ述べておきたい。

(二) 聖徳太子如来使説

我が国ではじめて仏教を国家的・文化的理想の下に摂取したのは、言うまでもなく聖徳太子（五七四―六二二）である。坂本太郎によれば、太子は「世間虚仮《せけんこけ》、唯仏是真」であるとしながらも、現実から逃避することなく、「現実はかりそめの世であればこそ、菩薩の自行、外化行が必要とされる」という確信の上に立って、「自行である身口意《しんくい》の善行に努め、外化行《げげぎょう》である慈悲行を実践したのである。その慈悲行とは単に人に情けをかけるだけのことではない。自らの身も命も財も捨てて、正法をあまねく衆生に説き明かし、かれらをして仏果を得させせねばならぬ。諸悪莫作《しょあくまくさく》・諸善奉公《しょぜんぶぎょう》を王子たちへの遺語としてというのも、同じ菩薩行の実践である」(1)。このように、太子は「法華一乗万善同帰」の理想の下に「和」の精神をもって建国の理想として国家統一の実を上げようとしたのである。

この聖徳太子が天台宗の開創者智顗の師である「南嶽慧思《えし》大師の後進」であるというのが、聖徳太子如来使説なのである。『叡山大師伝』には、高雄講経を聴いた善議等の謝表として、次のように述べられている(2)。

聖徳皇子は霊山の聴衆衡岳《こうがく》の後身《こうしん》にて、経を西隣に請い、道を東域に弘む。智者禅師はまた共に霊山に侍して迹を台嶽に降し、同じく法華三昧を悟り、もて諸仏の妙旨を演ぶるものなり。ひそかに天台の玄疏を見るに釈迦一代の教を総括して、悉くその趣を顯すに所として通ぜずということなし、独り諸(宗)に逾《こ》えて(殊《こと》)に一道を示す。

つまり、南嶽大師も天台大師も共に霊山会上で釈尊から法華経を聴聞し、それを悟り疎通すべき付嘱を受けている。聖徳太子は推古天皇一五年(六〇七)に小野妹子を随に遺して経を求め我が国にその道を弘められたのであるが、太子は南嶽慧思大師の生まれ代わりとして霊山での法華経の聴衆であり、釈迦生涯の教えが総括されている法華経の真理を如来の専使として日本に伝える使命をもっておられたというのである。

最澄は、早くからこの聖徳太子を天台宗の開者智顗《ちぎ》の師「南嶽慧思太子の後進」であるとし、自らもその後継者として法華一乗教の宣揚に努めたのであり、弘仁七年（八一六）に四天王寺聖徳太子廟に詣でた際にも一首を詠み、聖徳太子の聖徳を継承し、その加護の下に「純圓教」を無窮ならしめることを祈誓している(3)。すなわち

今我が法華の聖徳太子は、是れ南嶽慧思大師の後進なり。厩戸に託生し四国を吸引して持経を大唐に請ひ、妙法を日域に興したまふ。木鐸天台に振ひて其の法味を相承す。日本の玄孫、興幅寺の沙門最澄、愚なりと雖も願わくば我が師教を弘めむ。渇仰の心に任へず。謹みて一首を奉る。

海内に縁の力を求め
心を聖徳の宮に帰す

我、今、妙法を弘む
師教窮まりなからしめん
両樹、春に随って別に
三草、節に応じて同なり
願わくば惟の国教をして
加護して交流を助けしめよ

ここに天台法華宗の歴史的位置づけがなされていると言うことができる。これに対して、塩入亮忠は次のように述べている(4)。

わが歴史上に聖徳太子を始めて見出し、太子仏教の後継者を以て任ずる太子の態度は、その着眼点の鋭さと、正鵠とを語るものである。日本に行われるべき仏教は、大陸仏教の直輸入ではなく、国家と国民性の立場から批判選択されるべきであるといふ、太子の大陸文化摂受の態度は、日本仏教の開立の基調を示すもので、これを達見した大師の識見の偉大さは誠に驚嘆に値する。

㈢圓機淳熟説

高雄講経における善議等の謝表に、次のようにある（1）。

聖徳の弘化《こうか》より以降《このかた》、今に二百余年の間、講ずるところの経論その数多し。彼此理争うて、その疑いまだ解けず、しかもこの最妙の圓宗、なおいまだ闡揚《せんよう》せず。けだしおもうに、この間の群生いまだ圓味に応ぜざるか。伏して惟れば、聖朝久しく如来の付《ふ》を受け、深く純圓の機を結べり、一妙の義理始めてすなわち興顕し、六宗の学衆初めて至極を悟る。謂つべしこの界の含霊、今より後悉く妙圓の船に載って早く彼岸に済《わた》ることをえむ。譬えばなお如来成道四十年の後、すなわち法華を説いて悉く三乗の侶《ともがら》をして共に一実の車に駕《が》せしむがごとし。（傍点は筆者）

つまり、聖徳大使が推古天皇元年（五九三）に皇太子として摂政されてから延暦二一年（八〇二）までの二百十年のあいだに、多くの経論が講じられたが、聖徳大使の宣揚された法華一乗は、我が国にまだ闡揚されなかった。しかし、この高雄の講経によって、法華一乗教が初めて我が国に顕揚され、南都六宗に理解された。これ以降は、釈尊が四十余年間の教化の後に、すべての弟子らを悉く一乗圓宗の車に乗せることができたように、日本人の悉くが一乗法華圓教によって済度されることができるであろうと言うのである。

それが弘仁七、八年頃に書かれたとされる『守護国界章』の中で、「当今の人機みな転変して都て小乗の機なし、正像稍過ぎて末法太だ近づけり。法華一乗の機今正しく其時なり」(2)と述べ、末法の始まりであるこの時代には、正法や像法の教法では人びとは済度され得ないとしている。ちなみに釈尊滅後一千四百十年に当たる延暦二〇年は、仏滅年代からすれば像法の末の時代となるのであるが、最澄の宗教的意識としては、末法の始まりだったのであろう。そうして、同時代の弘仁七年に、「我日本は天下に圓機已に熟し圓教遂に興る」(3)という、いわゆる圓機淳熟説を高唱し、日本国を一乗の国とし、そこに「真理を実現し、正法を樹立する」(4)ことが緊要であり、我が国にはすでにその機が熟しているとしたのである。

このことについて、竹内芳衛は次のように言っている(5)。

彼は聖徳太子の法華一乗萬善同帰の御理想の中に、日本国民に対する指導的根本原理を見出していた。換言すれば、法華経文学に強調されている文化精神、即ち、法華一乗の精神によって萬善同帰的国体観を樹立し、日本が世界に越ゆる文化圏たる素質の国であることを疾く看破し、「法華相応の国」は漸く「圓機淳熟」せることを認識していたのである。……法華即ち法の華は、文化といふ意味に置換へて考へればはっきりする。彼に法華経は大文化経なりと見れば、法華一乗の思想が最も高度な文化建設の理想であることも明らかになろう。

以上によるだけでも、最澄が高雄講経の時から既に日本国教の樹立を志向していたことが理解できるし、それが畢生の願いであったことは間違いない。しかし、この日本国教であるためには、それが日本の土壌に根ざし、日本人の心情に相応するものでなければならなかった。最澄にあっては、これが比叡籠山の際から見事になされていたと考えられる。

二　日本の伝統的信仰に根ざす

(一) 山修山学

最澄は延暦四年（七八五）四月六日に奈良東大寺で具足戒を受け、官学僧としての一歩を踏み出しながら、その三ヵ月後の七月一七日にその一切を捨て、草深い比叡山に庵を設け、求道の道に入ることになる。『叡山大師伝』には次のように記されている(1)。

延暦四年をもって、世間の無常にして栄衰の限りあるを観じ、正法陵遅《おとろえ》し、蒼生《ひとびと》沈淪《ちんりん》せることを慨き、心を弘誓《ぐぜい》に遊ばしめ、身を山林に遁《のが》れんとす。その年の七月中旬、憒閙《うるさき》の処を出離し、寂静《しずか》の地を尋ね求め、直ちに叡岳に登りて居を草庵に卜《し》む。松下巌上に、蝉声と梵音の響きを争い、石室草堂に、蛍火の斜陰の光を競えり。

世の無常を感じ、自己を厳しく見つめる程、その罪障に悩み、真理の道に目覚め、求道の心に燃える程、官位を貪り堕落に陥った南都の僧と共に安逸の日を送ることはできず、そこで誘惑が多く心が乱れて静まらない都を去って、静寂な山林の遁れで正法の姿を求めようとしたと言えるのである。最澄は『願文《がんもん》』に表明された「六根相似の位を得ざるより以還、出仮せじ」(2)とするあの不退転の決意をもって、比叡山中での修学にいそしんだ。塩入亮忠は、その最澄の姿を偲び、次のように言っている(3)。

比叡山上松樹の下、草庵にあって縄床《じょうしょう》に正座《せいざ》し、静かに坐禅し、一心三観、一念三千を観じ給ふ伝教大師の修禅の姿は尊くも高い風韻をもった。同時にわが日本人の精神生活も、大師のこの瞑想の間に体験された思想に依って、深い哲学的基礎をもつに至るのである。

そうして、延暦七年（七八七）七月、最澄がこの地に一乗止観院を創し、自刻の等身の薬師如来を安置して、立宗がなされることになるが、この山修山学が天台法華宗の基となり、後には籠山十二年の制度が確立するに至る。大乗戒確立のために弘仁九年五月一三日に朝廷に提出された『天台法華宗年分学生一式』（六条式）には、「凡そ、大乗の類は、即ち得度の年、仏子戒を受けて菩薩僧と爲し、其の戒牒には官印を請わん。大戒を受け已らば、叡山に住せしめ、一十二年、山門を出でず、両業（止観業と遮那業）を修学せしめん」(4)とあり、得度後には仏子戒を授けられ、十二年山中で修行することが定められているのである。なぜ山中なのか、なぜ十二年でなければならないのかは、『顕戒論』に説明されている。

そこには『法華尽経』『守護国界主経』等が典拠とされ、「三乗、山に入り、福徳の地に淡泊自ら守りて、以て欣快となさんと。今已に時を知る、誰か山に登らざらんや」(5)とか、「釈迦の真経、蘭若を重讃す。……求真の釈子誰れか山を慕はざらん」(6)とか、また、中国における山修山学の先達として、法相宗の玄奘《げんじょう》を挙げ、「玄奘山に入る。良《まこと》に所以《ゆえ》あり」(7)などと述べられ、求法は山でこそなされ得るものという見解を明らかにしながら、「大小居を別にし、心を道に争い澄まし、山邑（叡山、南都）心を同じくして護国の忠を竭す」(8)と言われている。また、「誠に願わくは、両箇（二人）の度者、山修を多年に堪へ、文義を中使に試みたまへ。然るときは即ち、圓宗の三学（戒学・定学・慧学）は本朝に絶えず、先帝の御願は永く後際に伝へん。それ台山の五寺は山中の人を度す。中使簡択《けんじゃく》して更に愉濫《とうらん》なし。いわんや我が千年の君（嵯峨天皇）、出家を叡山に移し、仏戒を叡嶺に授くるをや。竊《ひそ》かに以《おもんみ》れば、山を退けて邑《さと》に住するは、深く先帝の綸旨《りんし》を破る。山に学し山に度するは、何ぞまた如来の制戒を侮らんや」(9)ともあり、山修山学が桓武天皇の御願であったことも述べられている。ともあれ、「論湿寒貧」の厳しい生活条件の中での修行にもかかわらず、「其れ飢えを忘れて山を楽しみ、寒さを忍び谷に住す。一十二年の精進の力、数年九旬の観《かん》行《ぎょう》の功に非ざるよりは、何ぞ七難を悪世に排《はら》し、亦《また》三災を国家に除かん」(10)とされ、そこに「山林清浄の徳、山中苦行の功」が求められている。しかし、山修山学が求められたのは、以上の理由だけからだったのだろうか。

本居宣長が『古事記伝』の中で、「尋常《よのつね》ならずすぐれたる徳のありて可畏《かしこ》きものを迦微《かみ》とは言うなり」と言ったように、日本人は、古来、「西洋の神に見るような、意志をもち人格をそなえた存在からははなはだ遠いもの」(11)を「カミ」と呼んでおり、特に一連の日本神話が「日本の自然や自然現象、そして自然を形成する樹木の一つ一つが神の分身である」ことを語っているように(12)、自然に対する畏敬の念が強く、山は祖霊の眠る、あるいは祖霊の帰る聖地と見なされ、「山中他界」が形成されていた。そうして、日本人の神とは、「天地自然を形成する要素とかかわり、自然現象そのもの」であったのである(13)。

また、行基菩薩（六七〇―七四九）らの山岳信仰があり、修験者たちが世俗の信仰を得ていた。この日本人の自然崇拝が「一切衆生悉有仏性《いっさいしゅじょうしつうぶっしょう》」「山川草木悉皆成仏《さんせんそうもくしっかいじょうぶつ》」とする大乗仏教の仏性論と結びつき、人間は皆平等であり、山川草木や禽獣に至るまで、生きとし生ける悉くのものが仏性を宿す尊いものとされてきた。このように、久保田展弘の言葉を借りるならば、「自然をつねに内面化されながら受け止めてきた日本人にとって、自然観は同時に宗教観であり、生命観であった」(14)のである。「この自然主義の文化的影響は日本人の心の原点ともいうにふさわしい」(15)ものと言える。これが神仏習合ともなり、我が国独自の仏教を形成してきたのである。当然、最澄もこの日本人の自然観の影響を受けており、それが彼の山修山学を促したとは考えられないだろうか。そして、これが日本人に支持され、その信仰を深めていったことは否めないように思われる。このことについて、栗田勇も次のように言っている(16)。

日本古来からの在来の宗教的基盤とそのうえにたつ文化構造の自覚と意識化は、あえて言えば、じつは平安仏教の開祖である二人の巨匠、空海とりわけ最澄らによって基本的に確立されたといってもよいと思います。顧みれば、「草木国土悉有仏性」で現される自然主義の文化的影響ははかり知れないものがある。まさに、日本人の心の原点というにふさわしいものといえます。

㈡神祇思想

最澄が山籠した時に次の歌が詠まれ、比叡山に祈りが捧げられている(1)。

阿耨多羅《あのくたら》三藐三《さみゃくさ》菩提《ぼじ》の佛《ほとけ》たち　我が立《た》つ杣《そま》に冥加《めか》あらせ給へ

修行の場としての比叡山にすべて仏たちの加護を得られるように祈られているのであるが、しかしここでの仏たちとは、大自然内に作用している聖なるすべてのものが含まれていると見るべきではなかろうか。これが日吉神社を比叡山の守護神として崇敬させることともなる。ともかく、最澄には日本人古来の自然崇拝が強く、そこには神祇思想の流れも汲まれているように思われるのである。

入唐求法の際に瀬戸内海で暴風・疾風に遭い、渡海が中止され、一年余り九州で次の遣唐使船を待つ間には（延暦二二年、八〇三）、最澄は賀春（大分県田川）の神宮寺等、九州各地の神仏に参詣して渡海の安全を祈願しているし、弘仁三年（八一二）には大阪の住吉神社に詣で、渡海の願いが無事果たされたことに感謝し、一万燈を供え、大乗を読んだことが取り上げられている。ちなみに住吉神社とは、住吉大神、即ち底筒男命・中筒男命と神功皇后をまつり、国家鎮護・渡海守護の神とされていた神社である。また、『叡山大師伝』には、弘仁五年春に、同じ目的で筑紫の国に赴き、宇佐八幡宮と賀春の神宮寺に参詣したことが取り上げられている(2)。ちなみに、久保田展弘は、「天台宗総本山のある延暦寺がある比叡山の根本中堂内庭には篆篠《そうじょう》・筠篠《いんじょう》とよばれる、細い竹を束ねて植えた壇がもうけられている。このうち篆篠は、最澄が在唐の折に、天台山円窓院にあった篆篠の竹を招来し、そこに日吉山王権現を勧請して祀り、筠篠は同じく最澄が在唐のとき、円窓院にあった筠篠の竹を招来し、そこに日本全国二千百三十二座の神祇を勧請し祀ったと伝えられている」(3)とするのである。

この我が国古来の神祇思想の流れをもっとも伺うことのできるのが、晩年の最澄が全国六ヵ所に宝塔を建立した際、その趣旨を示した次の「六所宝塔願文」である(4)。

仏法を住持し、国家を鎮護する。仰ぎ願わくば十万一切の諸仏、般若菩薩、金剛天等、八部護法、善神夜叉、大小の比叡、王子眷属、天神地祇、八大明神、七千の夜叉、心を同じくして、大日本国を覆護し、陰陽節に応じ、風雨時に順じ、五穀成熟し、万姓安楽にして、仏法を紹隆し、有情を利益し、未来際を尽くして、恒に、仏事を作さんことを。

弘仁九年四月二十一日　　　一乗澄記

ここで、「大日本」という言葉が使われていることに注目したい。それは「大乗の国日本」という意味ではあるが、僧としては最澄が初めてこの言葉を使ったことに対して、栗田勇は「最澄には、日本こそ、仏教が東へ進んで、ついに仏性正統の国たる日本で花開いたという確信があり、仏法興隆の地として大日本という意識があったから」としている(5)。確かにここには、その大日本を鎮護せんとする願いが満ち溢れている。それとともに、ここには諸仏諸神が列挙されており、まさに神祇仏神が混交している。この神仏習合ないし神仏調和の思想からも、最澄の教学があくまで日本の土壌に立ち、それを鎮護しようとするものであることが理解されるのである。栗田勇も次のように言うのである(6)。

最澄が比叡山でお籠りをする時に、大和の三輪山の神をわざわざお招きして、比叡山にまつる理由は何か。つまり、それまでの日本の伝統的心情というか、在来の庶民信仰を生かしていく。何よりも日本人の自然を崇拝する気持ち、自然が生命であるという気持ちを、強く取り入れていったことなのです。

㈢依身より依所

しかし、山修山学の地がなぜ比叡山だったのだろうか。

比叡山はその麓で生を享けた最澄にとって、幼少時代から朝な夕な仰ぎ見て育った故郷の山である。特に子どもに恵まれなかった両親が、この山に籠って出生を祈願したという由緒もある。沙弥僧となって間もない頃、そのことを父百枝に聞き、後の神宮禅院に詣で、懺悔修行を三四日間続け、仏前の香炉の中に仏舎利を一粒発見したとも言われている。しかしそれ以上に、最澄にとって比叡山が特別の山であり、そこが修法の聖地として選ばれた所以が、次の歌(1)から想像できるのである。

おのつからすめは持戒の此山は　まことなるかな依身《えしん》より依所《えしょ》

つまり求道の場、その環境こそが大切であるとされているのである。比叡山は『古事記』にも、「大山咋神《おおやまぐいのかみ》の宿る神の山とされ、すでに奈良時代には、山林修行者（修験者）にとって祖霊信仰を包含した原始信仰の対象とされ、修行の場となっていたと考えられる(2)。近江守藤原武智麻呂（六八〇―七三二）も和銅八年（七一五）に登山し、柳樹を植えたとされており、その子の近江の守藤原仲麻呂（七〇六―七六四）も登山し、この柳について「稗叡山の先考が旧禅処の柳樹を詠む」という詩を作っている。この仲麻呂の詩に和した麻田連陽春の詩の一首が『懐風藻』に残されている(3)。

近江は惟れ帝里、稗叡《ひえい》は寔《まこと》に神山《しんざん》。山静けくして俗塵《ぞくじん》寂《しず》み、谷間《しず》けくして真理専《もはら》にあり。於穆《ああうるわ》しき我が先考《せんこう》、独り悟りて芳縁《ほうえん》を闢《ひら》く。宝殿《ほうでん》空に臨《のぞ》みて構《かま》え、梵鐘《ぼんしょう》風に入りて伝う。烟雲万古《えんうんばんこ》の色、松柏九冬《しょうはくきゅうとう》に堅し。

日月荏苒《じんぜん》去れど、慈範《じはん》独り依々《いい》なり。寂寞《せきばく》なる精禅《せいぜん》の処《ところ》、俄《にわ》かに積草《せきそう》の墀《にわ》に為る。古樹三秋に落《ち》り、寒華九月に衰《おとろ》う。唯余《ただのこ》す両楊樹、孝鳥《こうちょう》朝 夕《あしたゆうべ》に悲しぶのみ。

また、後世の天台座主であった慈円（一一五五—一二二五）の次の歌は、「叡山とその仏法とが日本の生命であった所以をいかにも率直に詠んでいる」(4)ものとされている。

世の中に山てふ山は多かれど　山とは比叡の御山をぞいふ（『拾玉集』）

最澄もこの山を中国天台山の山王神に拠って、比叡山の地主神である日吉神社を護法神として戴いたのであるが、比叡山が郷里の山であるとともに、古来このように神聖な山とされてきた山であっただけに、ここが修法の地とした意味が理解できるのである。

さらに比叡山の地理的条件も、最澄の念願になかったであろうか。かつて「近江国は、日本列島の概ね中央部に在り、〃シガ〃とは〃神のお陰〃と云う意味で、近江国は湖の幸、水の恵みの豊かな土地である」(5)と言われていたと言う。前述した藤原武智麻呂の伝中には、「近江の国は宇宙有名の地なり。地広く人衆し、国富み家給す。……公私往来の道、東西二陸の喉なり」とあるとされている(6)。聖徳太子の遺志を戴し、大化の改新を断行して天智天皇（六二六―六七一）が、神の恵み豊かで山紫水明、しかも交通の便のよい近江大津の宮に遷都されたのも、これによるのかもしれない。ちなみにその際、大和から三輪神を日吉大社に勧請されたと言われ、従来の東本宮とともに西本宮として祀られている。しかも、比叡山は我が国のほぼ中心地にあり、その山頂からは近畿全体を展望することができる、しかも、琵琶湖を通じて、瀬田川、宇治川、淀川を経て、世界に通じていると言ってよい。栗田勇も言っている(7)。

やはりこの山は非常に奥深いものがあります。私もこの山に通いはじめて一番驚いたのは、その遥かな展望です。東には琵琶湖のさざ波が峰々から見えます。朝日が昇るときは波が銀色のように輝き、そして白雲がその上を流れていく。「ああ、あの雲はどこまで行くのかなあ」という想いとともに遥かに消えてゆきます。また高いところから見ますと、驚いたことに、淀川が見える。その先には瀬戸内海があり、そして淡海の波からその奥の吉野連峰も見えるのです。一方、西には平安京の都が眼下に見える。じつにまさに日本列島のへそという感じがしてきました。……比叡の山に上がってみますと、本当に日本列島中が見えるような気がします。高い山から西に京都の市街地が見え、東には琵琶湖が、南の彼方には吉野連峰まで見渡すことができる。琵琶湖の水は瀬田川を流れて淀川に入り、瀬戸内海となり、当時の貿易航路で半島や大陸へとつながっている。当時は主に新羅が貿易を担当しておりましたが、地理的に世界に向かって開かれているのです。

たとえ最澄がここまでは考えなかったとしても、この依所のよさが、天台法華宗、さらには日本仏教を発展させて根拠の一つとなっていることは否めないのではなかろうか。

㈣四宗兼学の総合的仏教

最澄の意図した天台法華宗は、「圓密禅戒」という四学兼学の総合的な仏教であった。それだけに、最澄が密教に対して強い関心を抱いていたことは当然であろう。最澄は留学から帰国した第一声で、法華一乗の圓教は「随自の実教」として、そこに真言一乗も含まれると言っている。とはいえ、最澄が帰国する前に、越州の龍興寺で受けた金剛界・胎蔵界両部の灌頂と明州で受けた五仏頂法・普集会壇法・如意輪壇法・軍荼利菩薩壇法といった密教の修法は、「いわば中国における原初的な密教の一形態」(1)に過ぎず、「菩提流志や阿地瞿多《ぐた》の系統を引く雑部の密教」でしかなかった。

ところが、天台教学の大成を目指して入唐した最澄に、帰国後に天皇が求めたのは、密教による祈祷の修法であった。また、最澄が延暦二五年（八〇六）に桓武天皇への上表によって実現を見た年分度者十二人制によって、天台法華宗が年分度者二人を認められる新宗として独立したことになるが、その二人のうち一名は遮那業、つまり『大毘盧遮那経』（『大日経』）を読ませ、他の一名には止観業、つまり天台智顗の『摩訶止観』を読ませようとするものであった。これは高木訷元の言葉を借りるならば、「いわばわが国における真言宗は、最澄によって天台法華宗の一分野としてたてられたということになる」(2)。

自分の密教の修得が十分でないと知る最澄が、顕密併せもった天台教学を確立するためには、長安で恵果から伝法阿闍梨を受けて帰国したばかりの（六〇六年）空海の助力に期待したことは当然であろう。高木訷元はこのことについて、「最澄が天台遮那業の確立のためには、なんとしても空海の助力に頼らざるを得ないと実感したに違いない。空海の出家得度が年分度者としてであったか、それとも臨時度者としてであったのかは明らかではないが、いずれにせよ、帰朝後の空海の活動の場としては、天台法華宗遮那業を措いて他にないとの意識も、あるいは最澄の想いのなかにあったかもしれない」(3)としている。最澄にあっては、天台教学の中心は『摩訶止観』であることは当然であるとしても、その完成のためには密教は不可欠なものだったのである。最澄は空海の協力を得て、二人で新しい国民仏教を創り上げようとしたと言えるのではなかろうか。

入京した空海が高雄山寺に移住できたのは、最澄の推挙によると言われている。なにしろ高雄山寺は最澄ときわめて昵懇の深かった和気氏の私寺であり、そこには最澄の住房北院もあったのである。最澄は空海との交際を深めながら、「伝法のために」空海請来の密教経論の借用を申し込み、すべて写し取って比叡山の経蔵に備えつけようとした。そればかりか、すでに一宗の責任者であり、桓武天皇の絶大な信頼を得た護持僧でありながら、七歳も年若い空海から金剛界の灌頂を受け、自分のことを下僧《げそう》、受法弟子《じゅほうのでし》、下《げ》資《し》などとまで謙遜して密教の伝授を請うこととなる。これは最澄の謙虚さと求法における真摯さを証拠づけるものとして、なんびとも頭を下げざるを得ない。円澄や泰範、光定、円修らを空海の許に送り、金剛界を受けさせてもいる。

しかし、最澄の念願は、「遮那宗と天台とは与に融通し、疎宗も同じ。誠に須く彼此志を同じくして、倶にかの人を覓《もと》むべし」(4)とする立場から、泰範への書簡の中でも「法華一乗と真言一乗と何ぞ優劣あらんや。同法は同じきを恋う。これを善友という」(5)とか、「一乗の旨、真言と異なることなし。伏して乞う、遮那を覓るの機、年々相計り、伝通せしめんことを」(6)と述べ、天台と遮那に優劣を立てず、同様に扱っている。これに対して空海は、「すべての教説の源底には、法身大日如来の深秘なる密意の教えが秘められていると見る」のであり、「その法身の説法たる密意をあるがままに示すものが密教であるとすれば、あらゆる思想や宗教は真言密教そのものに包摂され、そこに融消することになる。とすれば、真言一乗は仏教の一宗派ではなくて、仏教の全体ということになる」(7)とした。最澄と空海とは、すべての仏教は仏一乗に包摂され得るという点では同一であったとしても、ここに両者の決定的な違いがあり、二人は袂を分かちざるを得なくなるのである。そして、天台教学の中に密教が台密として確立されるためには、最澄の遺命により入唐求法した天台第三世座主慈覚大師円仁（七九四―八六四）と同第五世座主智證大師円珍（八一四―八九一）の出現をまたなければならなかった。

鎌倉仏教の祖師たちは、すべて比叡山で長い修行を行い、最澄が創建したこの「圓密禅戒」という四宗兼額の中からそれぞれが独自なものを見出し、そこから新仏教を誕生させていった。最澄は「古師《こし》誤りあれば新師《しんし》改むべし。若し義を改めずして、尚お其の文を用いば、新師愚痴の失を免れず。汝義の相違を避くと雖も、師をして愚痴に堕せ令む」(8)とか、「凡そ仏法を住持《じゅうじ》する有智《うち》の丈夫《じょうぶ》は、誠に須《すべから》く、自宗の義といえども、若し邪義あらば後学に指示して誑惑《おうわく》すべからず。他宗の義といえども若し正義あらば、取り用いて伝うべし、此れすなわち智人《ちじん》なり」(9)と述べ、自説を絶対化することなく、自由な求法の精神による発展を求めたのである。しかも最澄は、天台年分度者を請願する際に、「一目の羅は鳥を得る能わず。一両の宗、何ぞ普く汲むに足らん」(10)と述べ、それが仏教としての本質を失わない限り、他宗派を排除することなく全仏教が大同団結して、国民の済度と国家の鎮護に当たることを念願した。これは宗祖伝教大師最澄の求道精神の広さのなせるものと言うことができ、この精神なしには、鎌倉仏教の展開はあり得なかったと考えざるを得ない。

この最澄の文化史的意義を塩入亮忠は、次のように位置付けている(11)。

像末《ぞうまつ》に日本国に出生せられた伝教大師が、日本人として真に道に目覚め、仏教者としてどうしても考えねばならぬ問題を見出して、全日本人の前に提示したということも、文化史上重要な意義があると思う。……わが民族的信仰と大陸文化との接触、調和の問題、すなわち国家観、時代観、民族観及び神祇観、仏教問題としては縁起思想と実相思想、顕教密教の調和等幾多の重要なる問題が大師に依って提示されたが、何れも日本人の精神生活、信仰生活の上の大きな懸案であった。

三　国家宗教の樹立と国際性

(一)国宝の育成と国家鎮護

最澄の開創した天台法華宗は、前述したように、「圓密禅戒」という四宗兼学の総合的な仏教であった。しかもこれは、中国からの直輸入ではなく、日本的土壌に根ざし、国民の宗教的心情に受け入れられるものでなければならなかった。このため、堀一郎の言葉を借りるならば、「彼の護国思想は、遠くは神代に淵源する神祇信仰に胚胎し、近くは用明天皇以下の御歴代天皇、聖徳太子の大御心と、それを奉戴した暦世の有徳の僧侶崇仏家の精神を継承するものであった」(1)のであり、まさに国家宗教の樹立が図られていたのである。桓武天皇が最澄を見出され、その国家鎮護の新仏教を擁護し、奨励されたのも故なきことではない。この桓武天皇の聖徳に応え、最澄の国家宗教が展開されていく。そして、国家鎮護のために「大乗戒壇独立」への畢生の努力がなされていくのである。それを朝廷に嘆願するために提出された『天台法華宗年分学生式《がくしょうしき》一首』(六条式)の冒頭に、次の有名な言葉が見出される(2)。

国宝とは何物ぞ。宝とは道心なり。道心有るの人を名づけて国宝と爲す。故に古人の言く、「径寸《けいすん》十枚、是れ国宝に非ず。一隅を照らす、此れ国宝なり」と。古哲又云く、「能《よ》く言いて行うこと能わずは国の師なり。能く行いて言うこと能わずは国の用《ゆう》なり。能く行い能く言うは国の宝なり。三品《さんぼん》の内、唯言うこと能わず、行うこと能わざるを国の賊となす」と。乃《すなわ》ち道心有るの仏子を、西には菩薩と称し、東には君子と号す。悪事を己に向かへ、好事を他に与え、己を忘れて他を利するは慈悲の極みなり。

ここには、「道心ある仏子国宝を育成する」という最澄の教学精神が明確に表明されている。そして、「国宝」という言葉が、二通りの意味で使用されていることに留意したい。このことについては他で考察しているので(3)、ここでは結論のみ挙げておく。すなわち、その一つは「能言能行」の菩薩としての国宝であり、他のそれは「照于一隅」と言う意味での国宝である。「能言能行」、つまり、学問と修行の両方に秀でた者は、十二年の山修山学の後、比叡山中に留め衆僧の首として任ぜられる。それに対して、「能言不行」の者は、「国師」として、「能行不言」の者は「国用《こくゆう》」として、朝廷の命令書の趣旨によって伝法者及び国の講師に任命されて地方に派遣され、造寺、寺内の庶務、僧尼の糾正に携わるとともに、治山・治水等の利他の活動を行うのであるが(4)、この国師・国用も「道心」をもち、常に読経と修心に専念し、「忘己利他《もうこりた》」の心をもって「一隅を照らす」ならば、「国宝」と称せられるというのである。

最澄が求めたのは、いわゆる英才教育ではなく、「道心」をもって「忘己利他」に生きる人間の育成と言えよう。彼は「最愚鈍《ぐどん》の者も一十二年を経れば必ず一験を得る」(5)とし、いかなる人も一つのことに専心没頭したならば、必ず一つの効験を得ることができると言うのである。その個性を生かしてそれぞれの場で自らのなすべきことに努め、そこでなくてはならない人間となることが大切であると言わなければならない。それが「一隅を照らす」こととなり、まさしく「国宝」と称するに値するのである。

最澄は日本人の済度を図り、すべて国民がこの意味での国宝として「一隅を照らす」ことによって、国家鎮護に当たるようにすることを願ったのであり、彼の悲願とした「大乗戒壇独立」の運動も、このためになされたと言わなければならない。西尾幹二が「最澄は、日本の仏教を国家論にまで深めた人である。一切衆生の平等を主張した彼は奴婢にも仏性を認め、隼人や蝦夷をも公民化し、国家を庇護する仏教者としての役割を展開した」(6)と、最澄を歴史的に高く評価しているのは極めて正しいと言わなければならない。

(二)世界に開かれた国教

すでに度々述べたように、最澄の開創した天台法華宗は、我が国の土壌に根ざし、国民の宗教的心情に受け入れられながら済度し、それによって国家鎮護を図ろうとするものであった。しかしそれは、狭隘ないわゆる民族宗教ではなかったことに注意しなければばならない。そこには、天台智顗の開いた天台仏教という普遍的なものがしかと根底に据えられている。しかも、入唐求法によってその血脈を相承したものであり、あの徳一（生没年不明）と僧綱に対しても厳密に経典に論拠を求めながら反論し、自論の正当性を徹底的に説いている。また、上述したように、山修山学にしても玄奘を先駆者とし、「求真の釈子」の道としてそれを位置付けているし、さらに比叡山の護法神として日吉神社を戴いたのも、中国天台山の山王神に倣ったものとされている。このようにして、中国の天台教学の日本化が明確な意義づけや位置づけの中でなされている。これは特殊の普遍化であり、また普遍の特殊化であると言ってよい。ここに、新天台法華宗が狭隘で独善的なものに陥らず、世界宗教となり得た所以があると言わなければならない。

しかも最澄の眼は世界に開かれていたのであり、そのことは、あれだけ宗教者として朝野から認められながらも、危険を顧みることなく入唐求法を果たしたばかりか、その際、留学生のために国清寺に寄付して一堂（止観堂）を建立し(1)、将来ともに仏教の発展のために中国との交流を求めていたことが理解できる。そうして事実、弟子たちに中国での密教の修得を勧め、留学を果たして円仁（七九四―八六四）や円珍（八一四―八九一）らの努力によって、最澄には修得が十分でなかった密教が「台密」として整えられ、四宗兼学の天台法華宗が完成されていく。

栗田勇は「最澄は教えによって誰でも救われる。国家と骨絡みではないが、社会組織としてのしなやかな形で相補い、教えという心の問題として大衆を救い国家を支えていく、という形をえらんで進んでいくということになる」と同時に、中国の国清寺の傍に、後に日本の留学生が修行に来られるような宿舎を造るための基金を拠出し、天台の密教を充実させるために弟子を派遣したことによってなされた研究の発展が後の鎌倉仏教の創設を刺激する大きな流れとなっていったとし、「最澄は非常に国際的であるということです。たとえば好んで〝大日本国〟という言い方をしたのは、最澄だったと言われています。空海の場合は、もっとコスモポリタン的な印象が強く、国家を超越していた」(2)としているのは、妥当な評価であると言うべきであろう。

しかし、この国民的（national）であると同時に国際的（international）であった最澄の教学は、その後、どのように展開されていったのだろうか。このことについて、竹内芳衛は興味深い指摘を行っている。少し長いが挙げておきたい(3)。

鎌倉仏教は寧ろ日本化の仏教ではなく大陸化の仏教と見るのが妥当である。……

（中略）……念仏に於いて、念仏の根底にある浄土思想は強いて求むれば太子時代に遡り得ないことはない。仏教の『長講法華経先分発願文』上巻には、弥陀念仏の次第が述べられており、常行三昧弥陀念仏の法門は天台宗内に於いて次第に発展し、其の間空也あり、恵心あり、法然・親鸞に至って専修念仏の易行が唱へられるようになり浄土真宗が派生した訳であるが、彼等は恵心の『往生要集』を越えて善導の観無量寿経疏に飛躍し、遠く慧遠の白蓮社に源流を発し、曇鸞・善導に及ぶ大陸仏教に結ばれている。

それは日蓮の場合も同様である。彼は……「この日本国は伝教大師の御弟子にあらざる者は外道なり悪人なり」とまで伝教への満腔の尊信を傾けているが、慈覚以降の遮那混入の天台仏教に対しては、寧ろそれを超え、分析的に支那天台に復帰せんとするものである。（中略）

鎌倉仏教の成立は……、伝教への復古精神によって、天台教学の内容を分析的に祖述せんとしたもので、それは末法思想を媒介とする簡易化の面と、仏教を遥かに越えて大陸へ飛躍した面をもつ。従って鎌倉期の仏教に於いて日本仏教が純粋に日本化されたと考える従来の説には同意したくても出来ない。それのみならず、当時の仏教は大陸的に狭雑物なしと断ずることの誤謬は、鎌倉五山の宗風は如何なるものであるかを知ればもっと明瞭になろう。（中略）

鎌倉仏教は……純粋に日本化された仏教ではなく、宋からの直輸入仏教と、大陸への教学的飛躍性を持つ宗教であり、且又日本仏教の特色であらねばならぬ鎮護国家的仏教たることの特色を欠いていることなど、到底日本的特色を担はせることの可能でないばかりか、鎌倉期仏教における日本的特色をいふならば寧ろ念仏、唱題による簡易化の面といふべきで、武士は当時の特権階級たる存在であって、庶民では断じてないのであるから、当時の武士は形に於いて、平安朝期の公家的特権階級が武士に変ったに過ぎない。故に社会的存在としては、特権階級たることに於いて変るものでない。ただ当時の新興階級である武士に、宋から舶来した新仏教である禅宗が、新仏教であるといふことの魅力と、内容的には武士的精神に共鳴する多くのものを有していたこと、及びそれに付随する禅文化が彼等に悦ばれたことなど、鎌倉武士と、禅との結合を用意ならしめるに就いての好条件が、豊富に具備されていたことは事実である。

最近、大阪大学名誉教授の加地信行氏も、「鎌倉時代に登場した親鸞は、奈良・平安時代に隆盛を誇った真言宗や天台宗のありかたに疑いを抱いた。と言うのは、真言・天台に、インド仏教にない要素が多いことに気づいていたからである。すなわち、(A)葬儀・墓・先祖供養、(B)祈祷、護符(お守りなど)である。(A)は儒教からの、(B)は道教からの輸入である」とし、親鸞は「いわば、インド仏教の原理主義的立場を徹底し、「阿弥陀一尊で浄土往生を願い、墓も先祖供養も葬儀も、すなわち儒教的なものを全否定した」と結論付けているのである(4)。

仏教学専攻者でないわたくしには、このお二人の所説を論評することはとてもできない。しかし、我が国の今日の仏教徒の一部には、宗派意識が強過ぎる向きがありはしないだろうか。また、国を愛する心にしても、各宗派の幹部たちによってかなりの差異があるように思われてならない。政治的イデオロギーの先行さえ感得されるのである。最澄が「一目《いちもく》の羅《ら》は鳥を得る能《あた》わず。一両の宗、何ぞ汲《く》むに足《た》らん」(5)と述べ、仏教界全体の一致団結による国家鎮護を訴えたのであるが、今こそこの教えの下に宗派性を超えて日本人としてのアイデンティティを確立するとともに、世界中の仏教以外の宗教とも手を携えていかなければ、今日の地球的規模において渦巻いている様々な難問を解決し、全人類の平和と安寧を築くことはできないであろう。
この意味において、宗教学者の中村元博士の次の言に特に留意したいのである(6)。

日本においては諸宗派が残存し、宗派的・派閥的傾向が顕著であるにもかかわらず、多くの日本的な仏教家は、いずれも他の諸宗派を非難することを禁じている。一神的・排他的傾向があるとさえいわれている浄土真宗においてさえ、蓮如は『神社をかろしむることあるべからず』『諸宗・諸法を誹謗するべからず』(7)と、いましめている。鈴木正三は『石平家法』において『当庵に於いては世間の是非及び他門の長短を説くべからざる事』(8)と規定し、慈雲尊者の定めた『高貴寺規定』十三条のうちには『宗旨の是非高下を論弁すべからざる事』(9)とある。これは原始仏教以来の態度を受けているものであるといえようが、日本人は、宗派的・派閥的傾向がきわめて顕著であるにもかかわらず、他の見解を抱く人々と理論的に争おうとしないのである。

そうでありたい。元天台座主山田恵諦《えたい》大僧正猊下の次の語りは、最澄の精神を継承しようとするものとして示唆深い。

仏教にたずさわるものは、仏教とは何か、仏のこと、教えのこと、これを今にあてはめるとこうなる。あなたはこのうちのどれなりと心にそった教えを信じてくださいと仏教の本質を説き、さらにその人に適した教えを信仰させるようにする。譬えて言うと、「仏教丸」という船をつくる。宗派を離れ、仏教本来の立場にたって理解してもらう。こうして皆を「仏教丸」という船に乗せて目的先や航路を説明し、それにしたがって、それぞれどの船がいいかはその人に決めてもらう。仏教丸の中には、天台室があり、禅の部屋があり、浄土の部屋があり、新宗教の広間がある……。そして、各船室ごとにお客さんを満足させる工夫をする。そういう動きが、今日以後の日本の宗教には必要なのでありまする。それは他の宗教に対する時、仏教という大きな力をもって対処しなければならないものであります。

宗教は、真の宗教というものは、この人自体のもので、集団ではないのです。しかし、信仰を持続するためにはどうしても集団をつくり、そこに導く人と導かれる人ができるので、導く人は、個々の人びとに対してはどうしてもこの人は救わなければならない、という願いをもつものです。信ずる者が手を取り合って進む。そこに宗教の価値があり、永遠の生命が生まれるのであります。そのような見地にたって仏教を信ずるものが一団となるなら、究極の目的はただ一つ、現世安穏、後生善処に落ち着きますから、「仏教丸」といった構想も決して夢ではないと思うのであります。仏教を疎外して、自分の宗派のみにとらわれ、他を無視することになりますと、仏教の本質を失ってしまいます。世界の宗教と手をつなぐためには、まず仏教が一つにならねば宗教協力の道は、いっこうに前進しないと思います(10)。

多くのお経、ないし宗派は、それぞれ独自性があるとともに、共通性があり、お互いに補い合って仏教という大道を成しているのでありまして、それらは、申すならば、網を構成している一つ一つの目である。つながり合い、結び合っているのです。ですから仏教徒は唯我独尊、わが仏尊し、と自分の信仰にさえ純粋であればそれで満点とするのではなくて、自分の信仰は固く守りつつも、他人さまの信仰をも認め合い、理解し合い、尊敬し合わなければならない。これが真の仏教徒でありま す。仏教徒は、本来、そのようなおおらかな教えなのであります。

仏教以外の他の宗教との関係も同じです。キリスト教も、イスラム教も、ありとあらゆる宗教が、離れ離れのように見えながら、実はそれぞれがつながり合っている、皆を幸せに導くという大きな教えの網の一つ一つの目である。各宗教がそれぞれ長所もあり、特色もありはするが、救うという共通した目的から見る時、千差万別の人類を一人のこさず大理想の彼方へと導く、聖なる教えなのであります。甲乙、上下の区別をしたり、浅深、軽重を論じてはならないのです。信ずる人にはそれが最高の宗教ですから。

「一目《いちもく》の羅《ら》は鳥を得る能わず」ということは、宗教者にとって大切な心得であります。そしてそのためには、「己を忘れて他を利する」という大乗精神をもって対処することが最も肝要であります。宗教戦争という難問題を抱えたまま二十一世紀に突入していかなければならない今日、世界の宗教者の間で、ますます「忘己利他の精神」の重要性を高めていかなければならないと思っています(11)。

昭和六二年八月三・四日に、比叡山開創一千二百年を記念して「比叡山宗教サミット」が開催され、中国、スリランカ、アメリカの仏教代表と、キリスト教、イスラム教、ユダヤ教、ヒンズー教、シーク教、儒教、諸宗派組織の各代表、海外十六ヵ国の二十九人と日本の宗教界代表五百人によって、世界平和が祈られた。主催は日本宗教代表者会議であるが、それには、教派神道連合会、全日本仏教会、日本キリスト教連合会、神社本庁、新日本宗教団体連合会の五団体を中心に、世界宗教者平和会議日本委員会、世界連邦日本宗教委員会の協力を得て組織されたと言う。このサミットを前にして前述したことを語られた山田恵諦大僧正は、第二百五十三世比叡山天台座主としてこの大事業に中心的な役割を果たされた(12)。そしてこの比叡山宗教サミットは、毎年開催されているのである。最澄の転じた灯はこのようにして蘇り、その輝きを増し、世界中を照らそうとしていると言うことができるのである。この輝きが全国民の理解と協力によってますます強まっていくことを念じるものである。

あきらけく　後の仏のみよまでも　光つたえよ　法《のり》のともし火(13)

四　心の教育に示唆されるもの

以上述べた最澄の創建した「圓密禅戒」という四宗兼学の総合的な仏教は、その五十五年という短い生涯の中では完成されなかった。それは高弟たちに委ねられたこととなり、その高弟たちの活躍なしには、その後の日本仏教の発展はあり得なかったと言わなければならない。この意味において、最澄は天才的な宗教家であると同時に希有な教育者でもあったのである。このことについては、すでに考察している(1)。ここでは、今日の世相の悪化と教育の崩壊から脱するために、最澄の教えから特に学ぶべきと思われることについて述べることにしたい。

(一) 自然への回帰

最澄の求道は、古来、大山咋神《おおやまぐいのかみ》の坐すとされた比叡山で修された。その根拠として、次のことが語られている(1)。

夫れ飢えを忘れ山を楽しみ、寒さを忍び谷に住す。一十二年精進の力、数年九旬《すねんくじゅう》の観行《かんぎょう》の功にあらざるよりは、何ぞ七難を悪世に排《はら》い、亦三災を国家に除かん。

そこに「山林清浄の徳、山中苦行の功」が求められていたのである。

すでに述べたように、我が国では古来、山林は祖霊が宿り、またそこに帰る聖なる地、日本人全体の心の故郷として尊崇され、それが大乗仏教の「一切衆生悉有仏性」「山川草木悉皆成仏」を意味する仏性論と結びつき、人間は皆平等であり、山川草木や禽獣に至るまで、生きとし生けるすべてのものが仏性を宿す尊いものとされてきた。ここから、「寛容宥和」な国民性が培われ、日本独自の文学や芸術も生み出されてきた。これはユダヤ教・キリスト教等の自然観とは根本的に異なるものであり、久保田展弘はこのことについて、次のように言っている(2)。

「はじめに神は天と地を創造された」ではじまる旧約聖書の「創世紀」をベースにおくユダヤ教・キリスト教は、長く「人間は神の許しのもとに自然を支配する」と理解してきた。そこでは「地球は人類の所有物」であり、つねに人間のほうに主体があったのである。中世ヨーロッパのキリスト教神学の促した思想は「地球は人間の利用に供するために、人間に与えられたもの」と解し、アニミズムの大地を、キリスト教以前に、森や水の精霊が自然のいのちを象徴していたその森林帯を、つぎつぎに切り開いていった。……十八世紀啓蒙主義が広まると、人々は人間の理性に目覚め、それまで神の創造のもとに考えられていた自然は、理性の対象となる。以来、キリスト教世界において、理性の責任において保護されなければならないという自然観が生まれてくる。

しかし、日本独自の自然観は、いまや失われつつあるのではなかろうか。久保田展弘は続けて言っている(3)。

ところが明治の近代化以降、逆に日本人は、自然をそのときどきの経済的価値観でのみとらえ、極端に相対化させてしまった。これは少なくとも生命全体を視界に入れた理性でも、日本人が本来抱いてきた自然観でもない。西洋近代の資本主義成立にかかわったのはプロテスタンティズムだった。明治以降の日本の近代化に、このプロテスタンティズムが少なからず影響力を発揮したことを考えるとき、日本はその履きちがえによって、森を経済林としてとらえてきてしまったのかもしれない。

特に経済最優先に狂奔した戦後日本は、まさに森ばかりでなく、土地を含む自然全体を経済的にとらえたと言うべきであり、これがバブル崩壊をもたらしたばかりか、日本人の心の荒廃をもたらした根本的な原因の一つとなってはいないだろうか。平成九年に神戸市須磨区で起こった少年による連続殺傷事件を現地取材を踏まえて詳細に考察した高山文彦も、もともとはある寺の領地であった山を切り開いて造成されたこのニュータウンについて、次のように語っている(4)。

かつての日本人なら、鎮守の森として、この山に社を建てたことであろう。山中他界となった山は、人びとのこころに豊かな死を育ませたかもしれない。自然への畏敬を失ったわれわれ日本人は、そこに情報を司る新しい神を鎮座させた。無形のものに意味はなくなり、経済最優先の水先案内をつとめる有形のものに、こころを躍らせていった。高度経済成長に最大のはずみをつけたのは、テレビから絶え間なくながされる情報であった。……多くの目に見えない小さな生き物たちをまじえて、山そのものを死滅させていったニュータウンの人びとは、自分たちの幸福のために生贄にされたものを祀ろうとはしなかった。死は屠られたままだった。もとより、いまとなってはニュータウンだけの問題ではない。

まさにその通りであろう。国全体に開発が進められ、在来の居住地であっても都市化が著しく、人びとは自然とは疎遠になってしまったし、戸外で遊ぶことのない子供たちは自然の美しさや素晴らしさ、偉大さとともにその不思議さや怖さ、不気味さを知ることもなく、自然や人間の力を超えた大いなるものに対する畏敬の念を抱くことを学ばない。そうして、室内でテレビやパソコン・ゲームに興じ、バーチャル・リアリティ（仮想現実）に生きるのでは、仮想の世界と現実の世界とが同一視されることにもなりかねない。これでは体力もなく情意の枯渇した「驚くほど多くのことを知っている薄っぺらな頭」（リヒテンベルク）しか育たない。ここに今日の青少年の人間形成に大きな問題を投げかけているのである。

平成一二年から実施された新学習指導要領には、体験重視が謳われているが、特に

「特別活動」と「総合的な学習の時間」の中で、学校教育活動全体の中での明確な位置づけないし意味づけの下に自然体験が充実されるとともに、それが教科指導全体の中でも生かされることが肝要である。特に学校・園週五日制の完全実施の趣旨に鑑み、家庭と地域社会の中でも、それが促進されるよう配慮されることも望まれるのである。

(二) 凡愚としての自己の自覚

大自然の懐に抱かれ、その静寂さの中で瞑想に耽る時、だれもが内なるものと対話する中で自分の存在がいかに微小なものであるかに感づかざるを得ない。最澄は、延暦四年（七八五）一九歳の時、官学僧としての身分や地位のすべてを捨てて比叡山に籠った際に草された『願文《がんもん》』には、「悠々《ゆうゆう》たる三界は、純《もっぱ》ら苦にして安きことなく、擾々《じょうじょう》たる四生《ししょう》は唯《ただ》患《うれい》にして楽しからざるなり。牟尼《むに》の日久しく隠れて、慈尊《じそん》の月未だ照らさず、三災《さんさい》の危《あやう》きに近づき、五濁《ごじょく》の深みに沈む」と、世の無常さを感じる中で自己を厳しく見つめ、自己を「愚《ぐ》の中の極愚《ごくぐ》、狂《おう》が中の極狂《ごくおう》、塵禿《じんとく》の有情《うじょう》、底下《ていげ》の最澄、上は諸仏に違《たが》い、中は皇法《おうほう》に背《そむ》き、下は孝礼《こうれい》に闕《か》く」(1) ものとし、深く懺悔している。

近代人は「知は力なり」（ベーコン）とか「われ思惟するがゆえに、われ在り」（デカルト）を旨とし、人間の悟性の力を絶対視して、「自然を征服」することによって進歩を追い求めてきた。これによって外的生活面での便利さ・快適さ・華やかさは著しく増大したが、人間の力を過信する余り、形而上的なものは無視され、畏怖の念が失われ、奢りや自惚れの心を増大させてしまった。このため、「豊かさにおける心の貧困」を招き、人間の心は荒廃し、世相は悪化して、凶悪な犯罪、しかも科学技術を悪用した知的犯罪が増加し、今やそれは少年による殺傷事件にまで及んでいる。しかも、自然のあくなき開発によってその生態学体系が破壊され、人類の死滅か生存かとさえいわれるような地球環境の危機を招いている。

この時、人間は自己を静かに見つめ、人間としての在り方や生き方について深く考えることが必要ではなかろうか。そうすれば、誰もが自らの愚かさや至らなさ、人間の有限性と相対性に目覚め、これまでの人間絶対主義に対して反省せざるを得なくなる。そうして、人間が大自然の無限な恩恵を受けながら、目には見えない何か大いなる力によって生かされていることを自覚し、謙虚な心を取り戻すこととなる。そこから自らの内なる声を聞き、「良心」に目覚めるのである(2)。我が国では、古来、「天知る、地知る、我れ知る、人知る」などと言われ、だれにも見られていなくても、悪事を働けばかならず天罰を受けるとする畏怖の念から、自己が律しられてきた。仏教においては、釈迦が遺言の中で示した「自灯明・法灯明」、つまり「自らを灯明とし、自らを頼りとして、他人を頼りとせず、真理（法）を灯明とし、真理を拠りどころとして他のものを拠りどころにせずにあれ」(3)という教えに生きることが求められている。この人間の力を超えた何か大いなるものへの畏敬の念を失ったところに、今日の悲劇を生み出した大きな原因があることには間違いがない。この意味において、「自己自身との交わり」を大切にしたいのである。

㈢人間としての得難き生命を享けたことへの感謝

最澄は『願文』の中で次のように述べている(1)。

得難《えがく》くして移り易きは、其れ人身なり。発《おこ》し難《がく》く忘れ易《やす》きはこれ善心なり。是れを以て、法皇牟尼《ほうおうむに》は、大海《だいかい》の針《はり》、妙高《みょうこう》の糸を仮りて、人身の得難きを喩況《ゆきょう》し、古賢禹王《うおう》は、一寸《いっすん》の陰《とき》、半寸の暇《ひま》を惜《お》しみて、一生の空しく過ぐるを歎勧《たんかん》せり。因《いん》無くして果《か》を得るは是《こ》の処《ことわり》あること無く、善無くして苦を免るる是《こ》の処《ことわり》有ること無し。

生きとし生けるものには「四生《ししょう》」、四通りの生まれ方、つまり「胎生《たいしょう》」（母胎から生まれる）、「卵生《らんしょう》」（鳥のように卵から生まれる）、「化生《けしょう》」（天人などのように、とつぜん成人の姿で生ずる）、「湿生《しっしょう》」（ウジなどのように、じめじめしたところから湧く）があるが、特に多くの胎生の中でも人間としてこの世に生を享けたことは、まさに「大海《たいかい》の針《はり》、妙《みょう》高《こう》の糸《いと》」（大海の真ん中で針を見つけたり、妙高山の頂上から糸をたらして、麓に置いた針に通そうとすること）にたとえられるほどに有難くして有り得たものであることを自覚し、そのことに対する感謝の念から、生物的な生命としては自らの人生は短いとしても、それを無駄にすることなく求法に努め、悟りを開き、それを自分だけの悦びとすることなく、それを一切の衆生に及ぼすことによって、鎮護国家に生きようと決意されているのである。ここから、あの五つの請願となったと考えられる。

戦後の我が国では「生命尊重」が強調されながらも、それがとかく生物学的・生理学的次元における観念に留まり、仏性ないし神性が宿るという聖なる生命観には至らなかった。われわれが自己を深く見つめ、生存の根拠を問い求めるならば、生命のもつ不思議さ・得難さ・連続性・掛け替えなさ・尊さ・神聖さに気づかざるを得ない(2)。そうして、その生命に対して「畏敬」の念を抱くことになる。『法華経不軽菩薩品第二十』に説かれている「常不軽菩薩《じょうふぎょうぼさつ》」のようにである(3)。この「生命に対する畏敬の念」から、感謝、報恩、慈悲の心も生じ、自他の人権・人格を尊重し、人類愛に向かうこととなる。また、その生命が自然の無限の恩恵の下に、動植物を食とし樹木を伐採して住居としなければならないことなど、人間が生きとし生けるものを犠牲にしなければ生存し続けることができないという業をもっていることを深く考えることから、それに対する痛みと感謝の念から、自然を畏敬し、無益な殺生を避け、動植物を愛護し、物も粗末に扱わず、地球環境の保全に努めるのである。

また、われわれの生命が「過去無量のいのちのバトンを受け継いだ」(4)ものであることに気づくならば、自分の生命の重さを知るとともに、両親、祖先を大切にし、それを辱めることのないように生き、次世代にそのバトンを渡していく。この家族の意味が軽視されたことにも、自尊・自敬の念を失わせた原因があろう。

山田恵諦大僧正も次のように述べている(5)。

家庭教育の第一歩は、自己の家庭の歴史を子どもに教えることだと思う。おじいちゃん、おばあちゃんから、自分たち夫婦に至り、あんたにつながっているという家庭の歴史を、小学生のうちに教える。それがご先祖というものを大切にする気持ちを育てることになる。ご先祖などというと、古くさいかもしれないが、先祖、つまりその家の歴史を無視するところから家庭の崩壊が始まっている。

平成元年から施行された文部省・学習指導要領「道徳」の目標に、従来の「人間尊重の精神」に「生命に対する畏敬の念」が新たに加えられたことの意味は大きいのであり、これは「生命に対する畏敬の念」に基づく「人間尊重の精神」と捉えるべきであろう。ここから「道徳」の各内容項目についての見直しもなされている。特に前述した我が国古来の「自然観」にも基づきながら「生命に対する畏敬の念」を育て、そこから人間の理性の及ぶ範囲や限界を超えながらも人間存在を支えているものに目を向け、人間としての自覚をより深めていくことが求められるのであり、この意味において、宗教的情操の涵養を図っていくことが、これからの教育の根本命題とならなければならない。

(四) 求道の日々

最澄が求道一筋の生活に入ったのは、自己を深く見つめ、凡愚としての自覚からであることが、次の言葉から見出される(1)。

道が人を弘め、人が道を弘む。道心《どうしん》の中に衣食《えじき》あり、衣食の中に道心なし。

最澄がその名の示す通り、「澄み切った心の持ち主」であり、それこそ「貧瞋痴《とんじんち》」を超絶した求法に生きた姿が、この言葉からそのまま感じ取られる。晩年において、「大乗戒壇独立」のために身を捧げたのも、単に自宗の発展のためではなく、遺誡に述べられているように、「国家を利益《りやく》せんがため群生《ひとびと》を度《ど》せんがため」(2)であり、また、「一目の羅は鳥を得る能わず、一両の宗、何ぞ普く汲むに足らん」(3)とあるように、全宗派の大同団結が求められているのである。また、最澄が七歳も若い空海に密教の教えを乞うたのもこの凡愚としての自己の自覚と無心な求法の心からであることは、既に述べた。

人間はだれしも、性欲、所有欲、自己顕示欲・名誉欲等の煩悩をもっている。これは人間が生存するためには不可欠なものではある。しかし、その煩悩のままに生きるのでは動物と変わらない。その煩悩はますます燃え上がり、やがては身を滅ぼすばかりか、他人を傷つけ、公共の秩序を乱すことともなろう(4)。仏教で「我昔所造諸悪業《がしゃくしょぞうしょあくごう》　皆由無《かいゆうむ》始貧瞋痴《しとんじんち》　従身語意之所生《じゅうしんごいししょしょう》　一切我今皆懺悔《いっさんがこんかいさんげ》」(われら衆生《もろびと》無始《むかし》より　貪《むさぼ》り瞋《いか》り痴《おろか》にも造れる罪業《つみ》の数知れず　身《からだ》、語《ことば》と意《こころ》もて　誤ち犯せる所なり　今無上尊《みほとけ》の前にして　残らず一切《すべて》懺悔《さんげ》しつ　乞い願わくは一切諸佛《ほとけたち》　已《すで》に造れる罪障《つみ》は消滅《け》し　自他衆生《われらもろびと》ことごとく　清浄《きよ》き佛道《みち》にぞ精進《いそし》まん　従之以往《これよりのち》は大慈悲《だいじひ》の　護念《まもり》の業《わざ》を仰《あお》がなん　更に防遮《すくい》を垂《た》れたまえ)とされるのも、煩悩の自己規制を求めているのであろう。

しかし、近代では先に述べたように、その本能の充足を進歩と見なし、その実現に狂奔してきたし、とりわけ戦後の我が国には経済優先の風潮の中でその傾向が強かった。斯界で頂点を極めた人物が晩年になって獄窓に呻吟したり、金銭欲のために平気で肉親さえをも殺傷したりする事件が続発するのも、まったくこの懺悔に欠けていたからと言えるのではなかろうか。自己の志をもつことなく、個人的生活の享楽を求める傾向が強いのも、このことによると言わなければならない。人間としての得難い生命を享けたことに感謝し、自らがこの世で果たすべきことを求め続けることが大切である。それが何であるかを見出すことは永遠の課題であるとしても、そこから自らの志が生まれ、その時々の場でその実現に向かうことになる。それこそが道心なのではなかろうか。山田恵諦大僧正はこのことについて、次のように述べている(5)。

道心とは、まず第一に自分の職業が天職だと心に決定して、それにひたすら奉仕する意識を確立するということ。そして第二に、あくまでも「仕事」、すなわち人さまと自分のために仕え合わせるということであることを知っておくことなのです。これを実行することができれば、衣食住はあとから自然についてくる。つまり、幸せになるには、「労働」という観念を捨て去らなければならない。労働とは衣食のために働くこと。すなわち金銭や物質を手中にすることを目的として、労働力を提供することです。そこにあるのは、提供した労働力に見合う報酬への期待です。そして、その期待が裏切られれば、人をも怨み、自分を怨む。これは決して幸せなこととは言えないでしょう。

確かに今与えられている仕事や役割の名でなされ得る限り、自己の志に向かって励んでいくならば、それなりの生活は営まれるし。それによって地位や名誉もおのずと付いてくる。たとえ無位無冠のままで人生が終わったとしても、その真摯な生き方はいつまでも人びとの心の中に生き続けるのである。これに対して、財産や地位、名誉欲を求めて生きるのでは、つねに他人との比較から不満や不平が生じ、心の平穏はいついつまでももたらされない。得られた財産や地位、名誉も、その死とともに消失し、悪名だけが残ることにもなりかねない。「道心」こそは、生命を不死のものたらしめるものと言えよう。

㈤忘己利他

上述した「道心」とは、自己の利益の追求に生きることではなかった。人間として得難き生を享け、大自然の無限の恩恵と多くの人たちの有形無形の援助や支え合いによって生かされていることに気づき、感謝の心を抱くならば、その恩に対して報いていくことになる。それこそ自己の志に「生かして生かされる」（山田恵諦大僧正）と言ってよかろう。最澄が『山家学生式』の中で言っている次の言葉⑴は、まさにそのことを示していると考えられる。

悪事《あくじ》を己《おのれ》に向かへ、好事《こうじ》を他に与え、己を忘れて他を利すは慈悲の極みなり。

この言葉は、前ローマ法王ヨハネ・パウロ二世聖下が、昭和五六年に初めて来日した際にもたれた日本の宗教界代表との懇談会の席上で、世界平和実現のために宗教者間の相互協力を訴える中で、「皆さんの偉大な教師である最澄の言葉を用いるならば、己を忘れて他を利するは慈悲の極みなり、この慈悲の精神でなければなりません」と引用されたと言う(2)。これと同じ意味のことが、『顕戒論』にも、「(大乗の)菩薩の律儀に、都《す》べて自利なし。利他を以てすなわち自利となすが故に」(3)とある。この言葉の意味することを、山田恵諦大僧正は次のように解釈している(4)。

悪しきことを見た時は自らの責任として、その至らざるを反省し、よき結果を見た時には、すべて人びとの援助の力によると感謝し、自分を忘れて、世のため人のために尽くす人こそ、真の宗教者たる慈悲の人であります。……

また、一つ観点を変えて、この「悪事」は難しくて為しにくい仕事、根気のいる仕事、「好事」とは為しやすい仕事、と受け取っていいのではないかと思います。そうすると、しやすい仕事は人に任せておいて、しにくい仕事、多くの人が好まない仕事を、自ら進んで引き受けなさい、ということになる。そういう思いやりと勇気のある人間に育てるということ。そうして、そういう世のため人びとを導き、社会を進歩させていきたいということ。それが、伝教大師が比叡山を開創せられた真意だ、ということになってくるのであります。

また、ここにある「慈悲」という言葉を、パウロ二世は、ローマ法王庁大使館における「諸宗教代表者との集い」で、次のように語ったという(5)。

皆さんは、伝統ある知恵の継承者であり守護者です。その知恵は、日本において、また東洋の至る所で、高い水準の倫理的生活を培ってきました。「清く、直く、誠の心」を尊ぶようにと皆さんに教えてきました。万物に、殊にすべての人間に、神の現在を見るように促してきました。千二百年前に日本の生んだ偉大な教師である最澄の言葉を用いるならば、「無我、そして友情と慈悲の極致として他人への奉仕」を皆さんの心に植えつけてきました。

山田恵諦大僧正は、仏教で人間が処していくためには、常日ごろの行いに次の四つの心を広く活躍させなければならないとし、その四つの心とは、第一に「慈しみの心」、つまり親が子をいつくしむがごとく、兄弟が仲よくするがごとく、すべての人に利害損失を離れて和やかな気分で交わること、第二に「悲の心」、つまり人の悲しみ、人の苦しみを、自分の悲しみ、自分の苦しみにすること、第三に「喜の心」、つまり人の喜びを自分の喜びとして、心から祝福してあげる温かい心の持ち主となること、第四に「捨の心」、つまり一切を捨てて、執着をもたない無の心になること、ああしてあげたのだから感謝してもらわなければならんとか、私がああしたのだから、あちらもこうしてくれねばならぬはずだなどと、いわゆるお返しを待つ心を捨てることである。そうして端的にはこの中の「慈悲」、もっと絞れば「悲」の一字に尽きるのであり、「大悲心をもつ人には、慈も、喜も、捨も、自然に出てくる」としている(6)。

『大蔵経・雑宝蔵経』に見出される「無財の七施」つまり、眼施《がんせ》(やさしい眼差しで相手に接する）・和顔悦色施《わげんえつじきせ》（和やかな表情で相手に接する）・言施《ごんせ》（日常生活の中で挨拶等、様々な声をかける）・身施《しんせ》（自分の労働力を無償で提供する）・心施《しんせ》（相手に対して思いやりの心をもつ）・牀座施《しょうざせ》（他人に自分の席を譲る）・房舎施《ぼうしゃせ》（たとえ一夜でも旅人を自分の家に泊めてあげる）も、ここから出てくるものであり、今日の教育の中に求められているボランティア活動も、この身施であると考えられる。山田大僧正の言葉を借りるならば、「自己完成と忘己利他が、決して相反するものでないという、その真意を知る人は、同時に、〝慈悲の極み〟を顕現することのできる人」(7)と言わなければならない。

なお、この慈悲の心をもつためには、「生かされて生きること」への感謝の念が根底になければならないのであり、山田恵諦大僧正も次のように説いている(8)。

人間が一つのことを成功させるためには、必ず「三つの力」を必要とします。第一は自己の最大の努力、第二は周囲の援助、第三は神仏の加護。この三つの力が揃わないと、ものごとはうまく進まない。逆にうまくいくことは、たとえ自分で気づかんで、自己の力だけだと思っているとしても、三つの力が備わった結果であると、仏教では説いています。

個人的な享楽を追求する人間にはこの「忘己利他」の心は捨て去られたし、自己の力を過信した人間には「感謝の心」が忘れられている。そうして、権利の主張が強く、自己の義務や責任が放棄されているのである。ここに世相の悪化が生じる原因があろう。文部省・学習指導要領小学校「道徳」に見られる次の内容項目は、この意味からも考えられることが必要であろう。

日々の生活が人々の支え合いや助け合いで成り立っていることに感謝し、それに応える。

㈥「一隅を照らす」

最澄の『山家学生式』には僧侶養成の目的として、次のことが謳われている(1)。

国宝とは何物ぞ。宝とは道心なり。道心あるの人を名づけて国宝と為す。古人の言《いわ》く。「径寸十枚、是れ国宝に非ず。一隅を照らす、此れ国宝なり」と。古哲又云く、「能《よ》く言いて行うこと能わずは国の師なり。能く行いて言うこと能わざるは国の用《ゆう》なり。能く行い能く言うは国の宝なり。三品《さんぼん》の内、唯言うこと能わず、行うこと能わざるを国の賊《ぞく》となす」と。乃《すなわ》ち道心有るの仏子を、西には菩薩と称し、東には君子と号す。悪事を己《おの》れに向かへ、好事を他に与え、己を忘れて他を利するは慈悲の極《きわ》みなり。

ここで「国宝」が二重の意味で使われていることについては既に述べたので、ここでは後者の「照于一隅」という意味での国宝について、山田恵諦大僧正による解釈を紹介しておきたい(2)。

生活のために仕事をするのではない、仕事をすることによって他の人に報いる心、その日その日をこの「他のために」という心で過ごすこと、それがすなわち仏の心であり、仏の心で暮らすことになる。言いかえると、与えられた自分の仕事に本命を打ち込む人は、必ずその場になくてはならない存在になる。このような人が仏の心で暮らす人で、このような人を、「一隅を照らす人」と、伝教大師は申してます。

ともかく、いかなる場所や地位にあっても、「道心」と「忘己利他」の精神をもって、自らがなすべきことに専念し、そこでなくてはならない人間とされることが、「一隅を照らす」ことになり、これを「国宝」と称されるのである。社会全体における自己の位置と責任に目覚め、その役割を果たすことが大切なのであり、文部省・学習指導要領小学校「道徳」における次の内容項目は、この意味において理解されてよい。この身近な集団から大きな集団へ、さらに国家、国際社会へと発展させていくことが求められているのである。

身近な集団に進んで参加し、自分の役割を自覚し、協力して主体的に責任を果たす。

子どもの教育に当たる場合にもっとも必要とされるのは、一人ひとりの子どもに対する愛情と信頼であり、この「教育愛」なしには、教育活動は成立しない。このことに対しても、『臨終遺言』に見出される最澄の次の言葉を大切に受け止めたい(1)。

(七)「口に麤言せず、手に笞罰せず」

我生まれてより以来《このかた》、口に麤言《そごん》せず、手に笞罰《ちばつ》せず。今、我が同法、童子を打たずんば、我がために大恩なり。努力《つと》めよ、努力《つと》めよ。

山田恵諦大僧正はこの言葉を次のように解釈されている(2)。

我は生まれてからこのかた、いつもわが身の至らぬを思うて、常に言語を慎み、行いを正しうしてきた。人を怒鳴ったり、笞や拳骨を加えるなどは、もってのほかだと思うてきた。とくに、童子はわれらの後継者である。法を継承する大切な宝である。だから、童子たちを温かく育てて、自らその非を悟るように導いてくれ。そうして、彼らが立派に私の志を受け継ぐように成長させてくれたらと、それのみを願うている。どうか辛抱強く導いてください。私はそれをいつまでも恩を着ることであろう。

最澄はつねに「忘己利他」の精神をもって何人に対してもそれぞれの人格を尊重し、温かく寛大に接したことは予想される。あれだけ信頼されながらも離反して空海の下に走った泰範に対してさえも、その書簡から温情溢れるものを感じざるを得ない(3)。最澄が『臨終遺言』に身出されるこの言葉に端的に表明されている慈悲の心をもって弟子の育成に当たったたなればこそ、あれだけの人材が育てられ、弟子たちがその遺訓を守り、「一隅を照らす」精神によって法華天台宗の発展がなされていったことは間違いない。

今日、不登校、校内暴力、学級崩壊、少年犯罪等が激増しているのであるが、この大きな原因が家庭における親子関係、特に乳幼児期における母子関係にあることが大きく指摘されている。最近の少年非行には、普通の家の、普通の子が突然キレるケースが目立つとされているのも、母性愛に欠ける子どもがその内にたまった欲求不満を一寸したことによって爆発させてしまうからではなかろうか。子育てを施設等に委ねる親も増加しているように思われてならない。どのように時代が変わっても、子育ての基盤はあくまで家庭にあることに鑑み、時代に即応した家庭教育の在り方について考え、特に母性愛の重要性が再認識されるよう訴えたい(4)。

これとともに、今日の子どもが愛情に飢えており、また、家庭で基本的な生活習慣や自立の態度も育てられていないことを十分に理解し、一人ひとりの子どもの心の奥底に潜むものを汲み取りながら、愛情をもって自立と善悪の判断が身に付くよう根気強く育てていくことが必要となっている。このことはいわゆる「甘やかし」では決してなく、その子がもし自分の子であったなら、どのように対処するかという子育ての原点に立ち返って配慮するならば、戦後教育に見られたような子どもの自発性や自主性を尊重するという美名に隠れた放任はなされない筈である。自発性・自主性を育てることと放縦をそのまま容認することとは、決して同一ではないのである。

(八)国際社会に開かれた国民性の育成

最澄が創建した大乗仏教は、中国に育った天台仏教であったが、しかしそのいわば直輸入ではなく、あくまで仏典に根拠を求めて客観性・普遍性を踏まえながら、日本の土壌に根ざしたものとして日本化されたものであった。しかもそれは国際社会に開かれたものとして発展されることが求められていた。この仏教によって国民の教化を図り、国家を鎮護しようとするのが、最澄の目指すものだったのである。

今日の国際化の進展には極めて著しいものがあり、その国際社会における我が国の役割と責任が大きく問いかけられている。この意味において、これからの教育では特に国際理解と国際協調の精神が育てられなければならない。しかしこのことは、自国の歴史や文化、よき風習の理解と尊重を放棄することを決して意味しない。かえってそれが重視されなければならないのである。

ある時、畏友山田能裕師から伺った話である。外遊の機会も多く、それだけ外国にも知己をもつある高僧が、アメリカ合衆国を訪問し、ある要人と語られた際、ふと、「私はコスモポリタンですから」と言われたところ、その相手は「私はコスモポリタンとは話したくありません」と答えたという。この両人がよほど親しい間柄であったからこそ、そのような会話がなされたことは間違いない。しかし、この場合は「ユニヴァーサル」と言うのが適切であり、「コスモポリタン」とは「無国籍人」となるのであろう。あれだけ多くの人種の集まっているアメリカでのことであるだけに、とかく国際感覚に欠ける日本人にとって傾聴すべき話であると言わなければならない。まして「自分は〝地球市民〟だ」などと言ったら、全く相手にされないのではなかろうか。

世界のいかなる国や民族にもそれぞれが誇るべき歴史と文化がある。特に宗教の違いは絶対的であり、それが今日においても民族紛争の原因ともなっているのである。それにもまして、各国は自国の発展を求めており、国家間で互いの利害が衝突することも大いにあり得る。それだけに、国際交流が進めば進む程、異文化との関わりが日常化することとなる。この国益の対立と異文化間の摩擦から紛争や戦争を起こすことなく、世界の平和と人類の安寧を図っていくことが、これからの大きな課題となってくる。このためには、それぞれの国や民族の歴史や文化を理解し合い、尊重し合うことが何としても必要である。しかし、自国の歴史や文化を理解し尊重することなしには、他国のそれを尊重することはできないし、自国を愛さなかったならば、他国を愛することはできない。たとえ自国の歴史や文化に対して嫌悪感を抱き、コスモポリタンたろうとしても、いつの間にか身に付いた国民性から逃れることはできないし、他国民からは無国籍者として相手にされないことになる。したがって、国際理解・協調の教育は自国の歴史や文化を理解と尊重する教育と表裏一体的なものとしてなされなければならないことになる。この意味において、世界に開かれた国民性の育成、新しい愛国心の教育が求められるのである。

戦後我が国の教育は占領政策の下に戦前のすべてを廃棄することから始まり、国家は否定され、我が国の歴史もそれによって書き改められたし、古来の美風も封建的・前近代的・反動的なものとして退けられた。科学的合理主義を信奉する進歩的文化人の論調がジャーナリズムを風靡し、それに拍車を掛けた。この風潮は戦後半世紀を経た今日にも残っていると言わざるを得ない。そうしてそれは、反国的な自虐史観に基づく歴史教科書問題に端的に表れていると言えるが、自国を極悪視する教育を受けたのでは、人間としての自覚や誇りを抱くことができず、大いなる理想に向かって志を立てることもできないのである。これでは国際社会の中で日本人としての役割や責任を果たすことができないばかりか、生きる目標を失った青少年は非行に走ったり、カルトやオカルト集団に駆り立てられるしかなかろう。

この意味において、最澄が我が国古来の信仰心に根ざしながら普遍性をもつ宗教を開創するとともに、あの「一目の羅は鳥を得る能わず、一両の宗、何ぞ普く汲むに足らん」

（多くの目のある大きな網でなくては鳥を網にかけてつかまえることはできず、一目の網ではだめであるように、多くの宗派があってこそ、仏教の真実を汲み尽くすことができる）（『天台法華宗年分縁起』）とし、あらゆる宗派がそれぞれの独自性を認め合い、生かし合いながら共通性を求め、協力し合って、国家を鎮護し、衆生を救済していくことの必要性を訴えたことは、今改めて想起され、生かされていく必要があると考える。あの「比叡山宗教サミット」もこの精神に基づくものであり、この精神は宗教界だけでなく、国際時代におけるわれわれ日本人自身の人間としての在り方や生き方にかかわる問題として深く受け取るべきであろう。そうして、悠久の昔から培われてきた日本人本来の心に根づきながら世界に開かれた眼をもち、「忘己利他」の精神をもって「一隅を照らす」人間を育成することこそ、これからの教育の中心的課題とならなければならないのである。

おわりに

ご生前の山田恵諦大僧正がある時わたくしに、「今日、心の時代と言われ、また心の教育の充実が叫ばれていて嬉しく思いますが、その心を心たらしめるものはどのように捉えられているのでしょうか」とおっしゃったことがあった。当時、わたくしは文部省学習指導要領小学校「道徳」の改善に協力者会議の委員として参画しており、その時から学校道徳教育の目標に新たに加わった「生命に対する畏敬の念」について考え続けていた。それだけに山田大僧正のこのお言葉は、まさに目の鱗が落ちる思いを抱かせて頂けるものであった。ここから伝教大師についても読み始め、そこに日本の仏教、文化、教育の原点を見出すことに努めることとなったのである。とはいえ、これまでドイツ教育哲学を学んできたわたくしにはとっては、日本思想についてはずぶの素人であり、その歩みは遅々として進まず、多くの先行研究に教えられながらも、まだまだ理解不足は免れない。しかし最近、浩瀚な三冊本で『最澄』を著わされた栗田勇氏が「比叡山はいわば〝日本のバチカン〟とも言うべきもので、すべてのルーツがどうも比叡山にあるということを感じないわけにはいきません。そうなると、日本精神のバックボーンを成す仏教の源流というと、やはり比叡山。その中でも平安時代の初めに天台法華宗を開いた最澄ではないか、ということになってくるわけですが、最澄というと、すぐ並んでくるのが弘法大師空海です。……私はこの二人の巨匠、大天才が、日本の今日の自覚化された精神史のルーツと言っていいのではないか、と考えるのです」(1)と言っておられる。まさに我が意を得た思いであり、それに励まされながら、最澄を日本古来の心を育てた原点として捉え、特に重要と思われることについてつたない考察を行った。

山田恵諦元天台座主猊下が遷化されてからすでに一二年になる。だれに対してもお気軽に声をかけて頂き、高遠な深いお教えを極めて平易に具体的にお説き頂いた。そのお姿、お声、お教えは、今なおわたくしの心の奥底に生きていて下さっている。ご令息の能裕師のご協力のお蔭で編著として刊行した『日本教育の原点——伝教大師と現代』(東信堂、平成元年)には、ありがたい序文を頂いた。拙稿にも元座主猊下のご著書から多くの引用をさせて頂いたが、そのお教えなしには、このつたない論考も仕上げることができなかったと感謝している。謹んでこの論考を捧げさせて頂きたい。

なお、この論文は、「伝教大師と日本の心」(『山家学会紀要』第三号、平成一二年六月)と「伝教大師と心の教育をめぐって」(斎藤昭俊編『仏教における心の教育の研究』新人物往来社、平成一三年一月)の二論文を統合し、若干の加筆修正を行ったものである。

註

はじめに

（1）E.Spranger : Macht und Grenzen des Einflusses der Erziehung auf die Zukunft. 1950, In : Gesammelte Schriften. E.Sprangers. Bd. 1.1969. S. 206.〔村田昇・山邊光宏訳『教育学的展望——現代の教育問題』東信堂、一九七八年。三〇頁。〕

一　日本仏教の開創

(一) 求法への道

（1）『叡山大師伝』『伝教大師全集・別巻』天台宗宗典刊行会　大正元年　三七四頁。以下、『全集』と略記。

（2）塩入亮忠『伝教大師』伝教大師奉讃会　日本評論社　昭和一二年　五二頁。

（3）塩入亮忠　上掲書　一三八頁。

(二) 聖徳太子如来使説

（1）坂本太郎『聖徳太子』吉川弘文館　昭和五四年　一七九頁以降。

（2）『叡山大師殿』『伝教大師全集・別巻』天台宗宗典刊行会、大正元年。八五頁。仲尾俊博『山家学生式序説・付叡山大師伝（石山本）』永田文昌堂、昭和五五年。三八七頁。

（3）『全集・別巻』七五五頁。田村晃祐『最澄』吉川弘文館　昭和六三年　一四二頁。

（4）塩入亮忠　上掲書　一三二頁。

(三) 圓機淳熟説

（1）『叡山大師伝』『全集・別巻』八六頁。仲尾俊博、上掲書、三八七頁以降。

（2）塩入亮忠『新時代の伝教大師の教学』大東出版社　昭和一四年　七三頁。

(3)『依憑天台宗』『全集・巻三』五八三頁。塩入亮忠『伝教大師』一三三頁。塩入亮忠『新時代の伝教大師と教学』七二頁。
(4) 塩入亮忠『伝教大師』四六頁。
(5) 竹内芳衛『伝教大師』日本打球社　昭和一八年　一二九頁以降。

二　日本の伝統的信仰に根ざす

(一) 山修山学

(1)『叡山大師伝』『全集・別巻』八一頁。仲尾俊博、上掲書。三七六頁。
(2)『願文』『全集・巻一』二頁。塩入亮忠・中野義照編『伝教大師・弘法大師集』仏教教育宝典3。玉川大学出版部、昭和四七年。三二頁。
(3) 塩入亮忠『伝教大師』七九頁。
(4)『天台法華宗年分学生式』（六条式）『全集・第一巻』六頁。上掲、仏教教育宝典4。四〇頁。
(5)『顕戒論』下『全集・巻一』一四六頁。安藤俊雄・薗田香融編『最澄』日本思想体系4。岩波書店、昭和四九年。一一六頁。
(6) 上掲書。一五〇頁。上掲、日本思想体系4。一二〇頁。
(7) 上掲書。一五〇頁。上掲、日本思想体系4。一二〇頁。
(8) 木村周照『伝教大師』中山書房、昭和三六年。一八七頁。
(9)『顕戒論』下『全集・巻一』一四一頁。上掲、日本思想体系4。一一二頁以降。
(10)『顕戒論』下『全集・巻一』一一九頁。上掲、日本思想体系4。九四頁。
(11) 谷川健一『日本の神々』岩波新書、平成一一年。二頁。
(12) 久保田展弘『日本多神教の国土』ＰＨＰ新書、平成一一年。二四頁。
(13) 久保田展弘、上掲書。二七頁。
(14) 久保田展弘、上掲書　二三頁。

(15) 栗田勇『西行から最澄へ――日本文化と仏教思想』岩波書店、平成一一年。一三五頁。参照、栗田勇『最澄と天台本覚思想――日本精神史序説』作品社、平成六年。
(16) 栗田勇『西行から最澄へ』一三五頁。

(二) 神祇思想

(1) 「比叡山中堂建立の時」(新今近釈教)。『全集・巻四』七五六頁。
(2) 『叡山大師伝』『全集・別巻』九七頁。仲尾俊博、上掲書。四二一頁。
(3) 久保田展弘、上掲書。五二頁以降。
(4) 「六所造宝塔願文」『全集・巻四』七三六頁以降。
(5) 栗田勇『最澄』(三) 新潮社、平成十年。二一五頁。
(6) 栗田勇、上掲書。一五三頁。

(三) 依身より依所

(1) 「比叡山をよめる」(和論語)『全集・巻四』七五七頁。
(2) 木村至宏「最澄はなぜ比叡山を選んだのか」『歴史読本』(特集・聖なる魔界「比叡山」) 平成二年五月号。五九頁。
(3) 田村晃祐、上掲書。二四頁。
(4) 多賀宗隼『慈円』吉川弘文館、昭和三四年。一七六頁。
(5) 佐藤宇祐「近江神宮と淡山神社」『近江神宮――天智天皇と大津京』新人物往来社、平成三年。九三頁。
(6) 上掲書、九三頁以降。
(7) 栗田勇、上掲書。一四八頁以降。

(四) 四宗兼学の総合的仏教

(1) 高木訷元『空海と最澄の手紙』法蔵館、平成一一年。二二五頁。
(2) 高木訷元、上掲書。Ⅳ
(3) 高木訷元、上掲書。Ⅴ
(4) 「伝教大師消息」『全集・巻四』七六三頁。
(5) 上掲書。七八五頁。
(6) 上掲書。七六三頁。
(7) 高木訷元、上掲書。二七〇頁。
(8) 『守護国界章』巻仲之中『全集・巻二』四四〇頁。
(9) 『法華去惑』巻二『全集・巻四』八六頁。
(10) 「天台法華宗年分縁起」『全集・巻三』二六九頁。
(11) 塩入亮忠、上掲書。五一〇頁。

三　国家宗教の樹立と国際性

(一) 国宝の育成と国家鎮護

(1) 堀一郎『伝教大師』春格社、昭和一八年。一六六頁。
(2) 『天台法華宗年分学生一首』(六条式)『全集・巻一』五頁。仏教教育宝典3。三九頁。
(3) 参照。本書。三五頁。
(4) 上掲全集。六、七頁。仏教教育宝典3。四一頁。
(5) 『顕戒論』下『全集・巻一』一四四頁。上掲、日本思想体系4。一一五頁。
(6) 西尾幹二『国民の歴史』産経新聞社、平成一一年。二一七頁。

㈡世界に開かれた国教

（1）田村晃祐、上掲書。八二頁。
（2）栗田勇、上掲書。一五〇頁以降。
（3）竹内芳衛、上掲書。三六頁以降。
（4）加地伸行『家族の思想――儒教的死生観の果実』ＰＨＰ新書、平成一〇年。一六二頁以降。
（5）『天台法華宗年分縁起』『全集・巻三』二六九頁。
（6）中村元『東洋人の思惟方法』３（日本人の思惟方法）春秋社、昭和三七年。六八頁。
（7）『御文章』三帖一〇、なお二帖三などを参照（禿氏祐祥校訂「校訂蓮如上人御文全集」平楽寺書店、第二版、昭和一四年。五六―五九頁。なお参照：二四―二頁）（中村著より）。
（8）石田元季『江戸時代文学考説』一四頁（中村著より）。
（9）常盤大定『日本仏教の研究』五二六頁（中村著より）。
（10）山田恵諦『道心は国の宝』佼成出版社、昭和六二年。二八頁。
（11）山田恵諦、上掲書。三〇頁以降。
（12）『山田恵諦百歳を生きる』法蔵館、平成七年。九五頁。
（13）「比叡山の中堂に始めて常燈ともしてかかげ給る時」（新拾遺）『全集・巻四』七五七頁。

四　心の教育に示唆されるもの

（1）参照、本書。一四頁以降。

㈠自然への回帰

（1）『顕戒論・中』『全集・巻一』一一九頁。
（2）久保田展弘、上掲書。一三四頁。
（3）久保田展弘、上掲書。一四一頁以降。
（4）高山文彦『地獄の思想』新潮社、平成一〇年。一二八頁。

(二) **凡愚としての自己の自覚**

（1）『願文』『全集・巻一』一頁。
（2）参照、村田昇『パウルゼン／シュプランガー教育学の研究』京都女子大学研究叢刊、平成一一年。二六七頁以降。
（3）『岩波仏教辞典』岩波書店、平成元年。三七〇頁。

(三) **人間としての得難き生命を享けたことへの感謝**

（1）『願文』『全集・巻一』一頁。
（2）参照、本書。一五一頁以降。
（3）参照、本書。一六三頁。
（4）相田みつを『にんげんだもの』文化出版局、昭和五九年。六八頁。
（5）山田恵諦『道堂々』(瀬戸内寂聴編) NHK出版局。昭和五九年。六八頁。

(四) **求道の日々**

（1）『伝述一心戒文』『全集・別巻』二二九頁。
（2）『叡山大師伝』『全集・別巻』一〇四頁。
（3）『天台法華宗年分縁起』『全集。巻三』二六九頁。
（4）参照、村田昇、上掲書。三三七頁。
（5）山田恵諦『道心は国の宝』佼成出版社、昭和六二年。二〇六頁。

(五) **忘己利他**

（1）『山家学生式』『全集・巻一』五頁。
（2）「山田恵諦百歳まで生きる」法蔵館、平成七年。九二頁。

（3）『顕戒論・上』『全集・巻一』七一頁。
（4）山田恵諦『道心は国の宝』一九七頁。
（5）上掲書。一九九頁。
（6）上掲書。二〇〇頁以降。
（7）上掲書。二〇一頁。
（8）『山田恵諦の人生法話〔下〕生かして生かされる』一一〇頁。

(六)「一隅を照らす」
（1）『山家学生式』『全集・巻一』五頁。
（2）山田恵諦『道心は国の宝』二一八頁。

(七)「口に麤言せず、手に笞罰せず」
（1）『叡山大師伝』（臨終遺言）『全集・別巻』一〇四頁。
（2）山田恵諦『道心は国の宝』一九二頁以降。
（3）参照、高木訷元『空海と最澄の手紙』法蔵館、平成一一年。
（4）参照、林道義『主婦の復権』講談社、平成一〇年。同『フェミニズムの害毒』草思社、平成一一年。同『母性崩壊』ＰＨＰ、平成一一年。等々。拙編著『日本教育の再建―現状と課題、その取り組み』東信堂、平成一三年。五六頁以降。

(八)国際社会に開かれた国民性の育成
（1）『天台法華宗年分縁起』『全集・巻三』二六九頁。

おわりに
（1）栗田勇、上掲書。一三二頁。

宗教的情操の涵養

——生命に対する畏敬の念を基に——

はじめに

　昭和五〇年頃から戦後第三のピークと称されていた青少年非行がまだ沈静化されていない中で、今日、いじめの増加とそれを苦にした自殺、学級崩壊、授業不成立、援助交際など、より複雑で深刻な問題行動が指摘されている。そればかりか、少年による殺傷事件など、世を戦慄に陥れる事件さえ続発しているのである。この時、中央教育審議会は、幼児期からの心の教育の必要を強く訴え、平成一〇年六月三〇日に『新しい時代を拓く心を育てるために』と題する答申を行ったのであるが、その副題が「次世代を育てる心を失う危機」とされていることが注目される。

　このような状況をもたらしてきた原因は複雑であり、それを一概に言うことは難しい。しかしその大きな原因の一つが、戦後の我が国があまりに経済優先であり、物や金銭の追求に走り過ぎたことから、心や意味の世界を軽視したことにあるのは否めない。これとも関わって、個人主義的、享楽主義的な風潮が風靡し、我が国のよき伝統や美風が失われ、価値観も混乱し、家庭の教育機能と地域の連帯感も希薄なものとなってしまったのである。

教育界にあっても、先の経済優先の下に、進学競争のあおりを受けて、受験のための教育に忙しかったし、また、科学的合理主義を信奉するいわゆる進歩的文化人たちの声高い論調の影響からか、道徳教育に対する激しい抵抗に見られたように、心の問題は等閑にされたばかりか、まして「人間の力を超えたもの」などは非合理的なものとして排除する傾向が強かったと言わなければならない。しかし、それで真の人間性が育つのだろうか。真の心が養われるのであろうか。すでにペスタロッチー（J.H.Pestalozzi, 1746-1827）もナポレオン戦役後の一八一五年に、彼の「時代」に向けて次のように言っている(1)。

生の高き見方なしには、人間本性は、いかなる種類の市民的な憲法によっても、大衆としてのそれ自身のいかなる種類の構成によっても、また、それのいかなる種類の集団的存在そのものによっても、純化されるものではない。

この「生の高き見方」とは、端的に宗教心と言ってよい。戦後の我が国の教育においいて、人間性ないし心の根基とも言うべき宗教心を耕すことを疏かにしたことに、今日の「次世代を育てる心を失う危機」を招いた原因があると言っても、過言でなかろう。中教審の答申が「社会全体のモラルの低下を問い直す」ことを求め、「心の教育の充実」を唱えたことは当然であるが、その基盤となるのは宗教的情操の涵養でなければならないのである。

小論では、文部省『学習指導要領』の趣旨に則り、特に国公立学校園における宗教的情操の涵養の在り方について考察したい。

一　宗教的情操の涵養とは

㈠ 現代人と宗教

近代は「知は力なり」を信条とし、科学技術を基にして、生活の便利さや快適さ、華やかさを無限に増大して来た。しかし、人間はその輝かしい成果に酔いしれて、自己の悟性の力によって何ごとでもなされ得るかのような奢りや傲慢さえ抱くに至ったともいえよう。このため、「神は死せり」とばかり、大自然の摂理や恩恵、人間の力を超えた大いなるものの存在を忘れてしまったのである。

シュプランガー（E. Spranger, 1882-1963）は言っている（2）。

ある場所で大火事があったとき行動的に急いで消火に当たることをしないで、火が消えるように祈るために教会に集まるという、村びとたちの物語が、よく嘲笑的に語られる。確かに、現代人はそのことを笑うだけである。しかしわれわれは、問題が火災ではなく、洪水であり、これに対して実際には拱手傍観せざるを得なかったと仮定しよう。そのとき祈られたとしても、いかなる祈りも荒れ狂った大河を静めることができなかったと、現代人は確信している。現代人は祈りを無駄と見なしているだろう。しかし、このような状況に直面したときにも、逃れることのできない最後を、冷静沈着な心をもって迎え得るように、心から準備しておくべきであるとは、考えていないのである。

実際、重病に罹ったり、肉親の死に直面したり、あるいは危機的状況に陥り、万策尽きたとしたら、だれもが「人事を尽くして天命を聴く」、あるいは「すべては天慮に委ねる」とか「神仏の御加護を待つ」などという態度をもって祈るしかなかろう。そこから平静さが取り戻され、おのずと救いの道も見出されてくる。これはいわゆる「現世利益」的な祈願ではない。それこそ、人間の力を超えた大いなるものに対する無我の帰依と言える。

もとより冷静沈着な心をもって対処しなくてはならないのは、天災・地災などの危機的状況だけではない。日常の中につねにある。そこでの在り方を、シュプランガーは「心から準備しておくべきである」と言っているのである。

われわれが少しでもよりよく、より人間らしく生きようと願うならば、日々の生活の中でつねに自己を見つめ、自ら反省することになる。すると、自らの弱さや醜さ、至らなさをいよいよ痛感させられる。にもかかわらず今日生あるのは、目には見えない何か大いなる力に支えられ、助けられているからではないかと思うに至る。悪いことはできない。誤魔化すこともできない。だれにも知られていないと思ってはいても、目には見えないもの、大いなるものには知られている。それからは逃れられない。また、それは駄目だ、いけないことだと諫止する声が、自分の内からも聞こえてくる。それに背くことには、畏れを感じる。ここに宗教心が生じてくるのではなかろうか。
比叡山天台元座主山田恵諦猊下（一八八五―一九九四）は、次のように言っておられる(3)。

宗教というのは、神仏に畏れを抱くことです。畏れというのは、何がいいのか悪いのかの善悪を心得ることです。

そうして、この「善悪を心得ること」なしには、真に人間とはなり得ない。この意味において、次のように言っておられる(4)。

なぜ人間は宗教心を待たねばならぬのか。そりゃ、宗教心がなければ人間なんて犬猫以下の存在なんです。猫が台所のサンマを盗んだって、本能に従っただけのこと。悪いことをやったなんて思っておらん。犬が人に噛みつく場合、たいてい噛みつかれた人間のほうが悪い。人間だけが、悪いと知っとりながら、悪いことをやる。

この悪いことをやめる唯一の手段が、宗教心を持つことです。

とはいえ、悪いことをしてはならないと思いながらも、人間の弱さからつい低きに流され、私利私欲に走ったり、快楽に溺れたり、怒りに狂うことになりがちである。そして、失敗を繰り返し、挫折し、苦悩を味わい尽くす。心の平静さを保つことは、至難と言えよう。ここに、目に見えない大いなるものへの無我なる帰依が求められることになる。

山田元座主は、キリスト教、イスラム教、仏教の三大世界宗教と、民族宗教としてのユダヤ教などの特質を述べた後に、次のように言っておられる(5)。

いずれにせよ、人間の心の安定と現実の幸せを祈る、というところに宗教の本質があるわけで、宗教心や信仰心によってこそ、優しさや思いやり、感謝と奉仕、真理をもとめる心、礼節、あるいは正義と不正義の判断力、人品、誠実さといったような、人間の生き方として、大切なものすべてが生まれてくる。

しかし、次のことに留意しておきたい。

他の宗教ではほとんどの場合、自分がどう生きるかについて、神の思《おぼ》し召しによって、神の教えに従って生きるのだといいます。仏教は、正しき人間の生きかたを自分で求めよ、と言っています(6)。

祈りは宗教の出発点であり、そのすべてである。祈りを離れたらそれは宗教ではない。ごく狭い意味での思想とか哲学になってしまう(7)。

以上のことから、科学的合理主義のみでは真に人間らしい人生を歩むことができないことを教えられる。目には見えない大いなるものへの畏敬と帰依、感謝と祈りなしには、心のやすらぎ、幸せはもたらされないのである。

㈡宗教的情操の涵養を求めて

我が国では、古来、子供は神仏からの授かりもの、預かりものとされ、胎児の時からその無事生誕を祈念し、宝物として育ててきた。また、死者の霊を悼む念が強く、それが祖先崇拝ともなり、郷土の墳墓の敬いともなって表れていた。家には、仏壇や神棚が祀られてあり、朝夕にはそれを拝した。家族揃って墓参し、神社仏閣にも詣でた。そればかりか、路傍の石地蔵にも一礼してから通り過ぎた。また、何か、悪いことをすると、「お日様が見てござる」「お月様が見てござる」とか、「先祖様が泣いてござる」などと、親から諭された。ここから敬虔な心がおのずと子供に養われ、悠久ないのちの存在も感得され、宗教的情操も育てられていたと言うことができる。

しかし、今はどうであろうか。子供は作るものと考えられている。せっかく授かった胎内の尊い生命を、自分の都合だけで掻爬してしまう。生命さえも医学によって操作される。病院で生まれて病院で死ぬことが多くなり、家族の生死に体面することもない。神仏などは迷信だ、非合理的なものは捨てなければならないと主張される。そうして、ひたすら利潤を追求し、他人との付き合いからも逃避して、個人的享楽を満喫しているのではなかろうか。そして、その生き方に自信を失い、迷いが生じると、安易に自殺や他殺に走り、また、疑似信仰や似而非《えせ》宗教、さらにカルトやオカルトの集団に狂奔することとなる。これは、幼い時から宗教心が育てられていなかったことに起因すると言う他ない。

私事にわたって恐縮ではあるが、わたくしの五歳の孫娘が、仏教系幼稚園（京都府向日市・向陽幼稚園）にお世話になっている。この幼稚園では、毎朝、教室に祀られたお仏壇と水に線香を供え、合掌しながら、後に挙げる「誓いのことば」が唱えられている。この孫娘は時たま拙宅に帰って来ると、だれにも言われないのに、自分からお仏壇にお参りする。そして老妻から新聞広告紙をもらい、その裏に描いた画を供えている。最近では『般若心経』を大きな声で誦えるようにもなった。その声に誘われてわたくしも仏間に赴き、後ろで静かに合掌する。これは、幼稚園での保育のお蔭であると言う他ない。

誓いのことば

わたしたちはみ　仏様の子供です

明るく辛抱強い子供になります
優しい親切な子供になります
いつでも「ありがとう」を忘れません
み仏様　ありがとう
お父さん　お母さん　ありがとう
みなさん　ありがとう

先行き不透明とされるこれからの社会の中で、この孫も様々な苦難に出逢うことであろう。長い人生の中で悩みや迷いを抱き、挫折や失敗をも繰り返すことであろう。しかし、幼い時にみ仏様に手を合わすことから養われたものによって、きっとそれを克服していってくれるものと信じている。

この幼稚園は、すでに述べたように、仏教系の私立幼稚園である。しかし、国公立の学校園では、このようなことはなされ得ない。教育基本法の第九条によって、特定の宗教教育は禁止されているからである。しかしそのことは、宗教的情操の涵養を否定するものでは決してない。教育基本法制定時の文部大臣だった田中耕太郎も、この第九条が

「宗派意志を去った宗教一般に関する教育はこれを否定するものではないし」、「宗教教育自体は好ましくないどころか、教育上大いに奨励されるべき性質のものである」とし、また、「中立主義と平等取扱い主義を害しない範囲において宗教的要素が教育内容に取り入れられることは排斥すべきでないのみならず、奨励されているものと認めなければならない」と述べている(8)。

また、戦後間もない昭和二三年に教育刷新委員会が行った宗教教育に関する建議にも、「宗教心に基づく敬虔な情操の涵養は平和的文化的な民主国家の建設に欠くことのできない精神的基礎の一つ」であるとされているし、昭和三八年の教育課程審議会答申にも「今後、宗教的あるいは芸術的な面からの情操教育が一層徹底するように……」とする要請がなされている。さらに先の臨時教育審議会答申(昭和六一年)にも、次の言葉が見出される。

「人格の完成」は、理性と自由の存在を基本として、人間が限りなく真・善・美の理想に近づこうとする営為の中にある。教育的努力の究極的目標としての「人格の完成」は、個々の自然的人間を超えて普遍的、理想的、超越的な究極の価値を永遠に求め続ける人間の営みの中にこそある。このように人格はなんらかの目的を達成するための手段ではなく、それ自体が自己目的であるから、品位と尊厳をもつものとなる。個性重視という考え方の場合も、このような人格の完成を目的とするものである。

このことからも、「人格の完成」を目指す我が国の教育において、「超越的な価値」を追求する宗教教育なしには、品位と尊厳をもつ世界の中の日本人の育成はなされ得ないことが理解されるのである。

とはいえ、ここに困難な問題がある。このことについてシュプランガーは、「人間性への教育」を図るためには「自己自身に、すなわち、聖なる声を聞き始める人間の内面のより深い領域の中に導く」ことが、なんとしてもなされなければならないのであるが、義務教育段階にある児童・生徒には、発達的特質から宗教に対する最初の器官しか開くことができないことと、宗教的な神秘を解釈することにおいては保護者の宗教的信仰がまちまちであることから、二重の限界があるとしながらも、次のように言っていることに注目したい(9)。

しかし、〝内面性〟を覚醒することはできる。主要なことは、教師が子供の内面性一般を開くべき鍵を得るように努めることである。というのは、現世以上のもの、先験的なものへの通路は、もっとも深いところにおいてのみ開かれるからである。

だから、「人間性」ないし「人格の完成」を目指す教育においては、子供の内奥にまどろむものを「覚醒」し、その内面性一般を開く鍵を得るように援助しなければならないのであり、またそれが可能であるということになる。その鍵を得させるものが、まさに「宗教的情操の涵養」であると言わなければならない。ところで、昭和六二年の教育課程審議会答申では、「豊かな心をもち、たくましく生きる人間の育成を図ること」と関わって、特に道徳教育の目標の中に「生命に対する畏敬の念」が、従来の「人間尊重の精神」に新たに加えられた。同時に、その「内容」に関しては、「自然を愛し、生命を尊び、美しいものや崇高なものにふれ、人間としての自覚を深める」ものが求められた。不肖わたくしは、この時の「学習指導要領小学校（道徳）作成協力者会議」の委員を拝命し、ほぼ五年間にわたりこの改善に関わらせて頂いた。その際、この「生命に対する畏敬の念」こそは戦後教育の中で等閑にされていたものであり、これからの教育はこれを基盤にしなければならないし、ここから宗教的情操の涵養もなされ得ると考えた。そうして「内容項目」の見直しに当たっても、可能な限りこの観点から、提言したのである。

　ここで宗教的情操とは、端的には聖なるものを志向する価値感情と言えるが、その宗教的情操の涵養とは、これまでの中央教育審議会、臨時教育審議会、教育課程審議会等の答申にも鑑み、大自然の包み込む大いなるもの、生命のもつ神秘さ、偉大な芸術作品やだれからも感動を呼ぶような人間の行為の根底にある崇高なもの、人間の理性の及ぶ範囲や限界を超えながらも人間の存在を支えているものに目を向け、人間としての自覚をより深めていくことを目指すものと考えた。もとよりこれが、特定の宗教・宗派に対する信仰を教えたり奨励したりするものでないことは明らかである。生命に対する畏敬の念を基に宗教的情操の涵養を図るためには、まず、畏敬とは何か、また畏敬されるべき生命とは何かが問われなければならないことになる。

二　畏敬とは

「畏敬」とは、辞書によれば「心から敬うこと。畏れ敬うこと」である。ドイツ語でも

〝Ehrfürcht〟は、「畏れる」(fürchten) と「敬う」(ehren) という相反する二つの言葉の合成語であり、日本語と同様である。そうしてこれは、独特な二重構造を特徴とするものとされている。これに対してボルノウ (O. F. Bollnow, 1903-1991) は次のように言っている[10]。

畏敬には敬うという意味での尊敬と、畏怖、つまり尊いものを傷つけたり、あるいは不躾にもそれを踏みにじったりすることを禁じる内気と恥ずかしさとがしっかりと結び付いており、これを識別することができず、それ自体がすでに一切の合理的な説明を拒否する宗教的な次元に根ざす概念である。(傍点は筆者)。

確かにわれわれは、大自然の作用に美しさや素晴らしさ、不思議さや神秘さとともに、その不気味さや人力ではとうていかなわない恐ろしさをも感じている。また、人間の理性の及ぶ範囲や限界を超えたものでありながらも、自己を支えている何か大いなるものの存在に気づく時、それに対する崇敬の念とともに、棄損や冒瀆に畏怖の念をもたずにはおられない。このような畏敬の念とは、相反する両面が一体化された高次な情操であり、ここから自己の至らなさや弱さに気づき、あるいは目覚め、人間としての在り方や生き方に対して深まりが生じると考えられる。

ここにわれわれは、これまでの人間絶対主義から脱し、自らの本来的な人間としての在り方や生き方について真摯に問い直さなければならない。そこから、自己の有限性や相対性に目覚め、謙虚で敬虔な心をもって生きていくことが求められてくる。そうして「畏敬の念」に立脚した倫理観や価値観の構築が必要となるのである。

ここで、ゲーテ（J.W.v.Goethe,1749-1823）がその著『ヴィルヘルム・マイスターの遍歴時代』の中で挙げた三つの「畏敬」が想起される。すなわち、「われわれの上なるものへの畏敬」、「われわれの下なるものへの畏敬」、「われわれと等しいものへの畏敬」である。彼はこの三つの畏敬が一緒になって真の宗教を生み出し、自惚れと利己心によって卑俗なものへ引き込まれない「自己自身への畏敬」という最高の畏敬が展開されるとしている。

そうして彼は、「生まれのよい、健康な子供たちは、多くのものを身に付けている。自然はどの子供にも生涯のあいだに必要とするものを、ことごとく与えている。これを伸ばしてやるのが私たちの義務であるが、時にはひとりでにもっとよく発展することもある。しかし、ただ一つのものだけは、生まれながらにもっている者はだれもいない。しかもそれは、人間があらゆる方面にわたって人間であるためには、すべてがかかっている一点なのである。……それが畏敬である」（傍点は筆者）と述べ(11)、畏敬の念は始めから備わっているものでなく、「後から加えなければならないもの」であること、そして畏敬によって初めて真の人間性が高まるとしているのである。

これに対してシュプランガーは、このゲーテの考えに大きな賛意を表しながらも、彼がこの「一つのより高い感性」を「人間に加えなければならない」とするのはよくないのであり、それは「成長しつつある者の深いところにまどろんでいる状態で用意されているもの」を「目覚ます」ことが必要であると言っている(12)。わたくしもシュプランガーの見解を支持したい。というのは、子供には幼い時から畏敬の念に導く萌芽的なものが宿されていると考えられるからである。

三　畏敬されるべき生命

それでは「畏敬されるべき生命」とは何かが問題となってくる。

(一)「生への畏敬」

近代思想家の中で「生への畏敬」を唱えた最初の人として、アフリカの奥地で現地人の伝導と診療に生涯を捧げたシュヴァイツァー（A. Schweizer, 1875-1965）を挙げることには、なんぴとにも異論がなかろう。彼はデカルト（R. Descartes, 1595-1650）のいわゆる「われ思惟するがゆえにわれあり」（cogito ergo sum）に発する近代の人間中心の合理主義的な思想に現代文明の頽廃の原因があると見て、長年にわたって悩み続けていたのであるが、突如、「生への畏敬」（venerato vitae. Ehrfürcht vor dem Leben）という言葉が天啓のようにひらめき、その悩みが氷解した。それ以来、「われは生きんとする生命に取り囲まれた、生きんとする生命である」とし、「生きようとする意志」は人間だけでなく、すべての生物に等しく備わっているものであり、生きとし生けるものとの共感、共鳴、共生としての人生を求め、人間と生物との関係を扱う倫理学を基礎付けたのである。この「生への畏敬」の倫理とは、端的に「すべての愛、献身、また苦痛とよろこびの同感、協力などと名づけられる一切のことを包含」するものであり、また、「生への畏敬によって動機づけられた生命に対する献身」である(13)。

(二) 日本の心

しかし、生きとし生けるものに対する共感や共鳴、共生の思念は、むしろ我が国固有なものではなかろうか。古来、日本人は山を祖霊の宿る神聖な場であり、海や川、土の中にも尊いものが秘められているとしてきた。それが「一切衆生悉有仏性」「山川草木悉皆成仏」(『涅槃経』)とする大乗仏教と結び付き、人間は皆平等であり、草木禽獣に至るまで、生きとし生けるすべてのものは尊い存在として捉えられてきたと言わなければならない。

我が国民間信仰の祖とされる行基菩薩(六七〇―七四九)は、次のように詠んでいる。

山鳥のほろほろと鳴く声聞けば
　父かとぞ思う母かとぞ思ふ
上島鬼貫

また、我が国には、

行水の捨てどころなしむしの声
上島鬼貫

朝顔に釣瓶とられてもらひ水
加賀の千代女

やれ打つな蝿が手をする足をする
一茶

大漁(14)
金子みすゞ

朝焼《あさや》け小焼《こや》けだ
大漁《たいりょう》だ

大羽鰯《おおばいわし》の
大漁だ
濱《はま》は祭りの
ようだけど
海のなかでは
何萬の
鰯のとむらい
するだろう

など、動植物を人間同様に慈しんだり、大自然の不可思議さから人間としての在り方について思念された詩歌が数限りなくあるのも、このためであろう。日本人の「寛容宥和」な国民性(15)も、ここから養われてきたものである。今日、戦時中の日本軍によって海外でなされた蛮行のことが問題視されているが、いくら厳しい戦闘中であったとしても、これらが確定的事実であるとはとても信じられない(16)。ともあれ、この日本の心の蘇りを図ることがいっそう必要となってくる。このことを念頭に置きながら、生命の意味を探っていきたい。

(三) 生命の意味

(1) 生命の不思議さ

遺伝子研究の世界的権威者である村上和雄博士は、人間の生命について、次のように言っておられる(17)。

私どもは、母の胎内で十月十日、胎児として過ごした後、生まれてきます。母の胎内で過ごす間に、三五億年にわたる生物の進化の歴史の再現を行うのです。……従って、私どもの生命は、生まれた時には、地球生命三五億年歳です。私ども一人一人の命は、三五億年の地球上の命の進化の歴史を背負っているのです。自分一人の命ではないのです。

（人間の遺伝子には）三〇億塩基の情報量、言い換えれば、大百科事典千冊分に相当する莫大な情報量が極微の空間（一グラムの二〇〇〇億分の一）に整然と書き込まれているのです。一グラムの二〇〇〇億分の一の重さというのは、……米一粒の約五〇億分の一です。すなわち、世界の人口五〇億人の遺伝子情報をすべて集めても、米一粒の重さにしかならないのです！

ここから村上博士は、現代の科学をもってしても一つの黴《かび》さえも作ることができないのであり、まして、これ程複雑で精緻な構造を備えた人間の生命など、作れる筈はとうていあり得ないとし、「これは想像を絶すること」であり、「これは、もう神様か仏様の働きと名づける以外には言いようがないほどである」と述べている。これが我が国先端科学の第一人者の発言であるだけに、いっそうの重みを感じざるを得ない。

さらに村上博士は、この「遺伝子信号を書き込み、それを整然と働かせている、私どもには見えない偉大な存在」を「サムシング・グレート」と呼び、その贈り物に対して感謝することの必要を説いているのである。

実際、人間の身体の中の細胞の一つ一つに、人間を生かす強い力が作用している。五臓六腑が、人間を生かすために絶え間なく働いている。人間自身の意思とは無関係にである。この意味において、身体の中の無限なものの力や働きによって人間は生かされているのである。これは人間だけでなく、生きとし生けるすべてのものについても言えるのである。このような力を考える時、そこには大きな神秘や大きな恵みが働いていることに気づかざるを得ない。実に複雑で高度の機能を備えた人間の生命は、人間の力を超えた、まさに神仏のなせる業《わざ》であるとしか言いようのないものと考えられるのである。

次の詩からも、平素忘れていたことに気づかされる(18)。

いき　　　　　　　　まど　みちお

いきを　とめたら
だれだって　しぬ
でも　わすれていても
いきは　じぶんで
いきを　している

ああ　なんでだろう
かみさまが
いきに　そうさせて
みんなを　いかして
くださっているんだな

みんなを　ほんとに
だいすきなので……

(2) 生命の得難さ

この生きとし生けるものの中で、人間が人間として生を享けることの難しさは、今日では科学的にも証明されるところであるが[19]、特に仏教では仏陀の「盲亀浮木《もうきふぼく》」（『法華経』巻七）の説などによって教えるものであった。そうして、日本仏教の祖師たちは、自己を厳しく見つめる中で「人身の得難きこと」を深く自覚し、それを求道の基としてきたのではなかろうか。特にその日本仏教の基礎を築いた伝教大師最澄（七六七―八二二）は、一九歳の時に東大寺で具足戒を受けて正式に僧の資格を得、官学僧として将来の身分や地位が保証されているにもかかわらず、僅か三ヵ月で一切を捨てて比叡山に篭り、求道の生活に入られた。その際に書かれた『願文』には、人生の無常を強く感じる中で厳しく自己を見つめ、「愚が中の極愚、狂が中の極狂、塵禿の有情、低下の最澄」とまで懺悔の念が表明されている。そうして、生きとし生けるものの「四生」（胎生、卵生、化生、湿生）、特に多くの胎生の中でも人間としてこの世に生を享けたのは、まさに「大海の針、妙高の糸」に例えられる程に有難くして有り得たものであることを自覚し、そのことに感謝するとともに、そうである以上は、短い一生を無益に過ごすのではなく、自ら仏道を極め、大乗仏教によって遍く一切の衆生を教化し、鎮護国家に生きようとする固い決意を述べられておられるのである(20)。

この「人身受け難きこと」と「仏法聞き難きこと」を次の『法句教』（一八二）の教えとともに、深く噛みしめたい。

得《ル》レ生《ズルヲ》二人—道《ニ》一難《ク》、生《ズルヲ》レ寿亦難《ク》レ得、世—間《ニ》有《ル》レ仏難《ク》、仏法難《シ》レ得レ聞《クヲ》

ひとの生《しょう》を
うくるはかたく
やがて死すべきものの
いま生命《いのち》あるはありがたし
正法《みのり》を
耳にするはかたく
諸仏《みほとけ》の
世に出づるも
ありがたし

（友松圓諦訳、講談社、昭和五〇年）

(3) 生命の連続性

この得がたき生命は両親から頂いたものであるが、その両親にはそれぞれの両親があり、その両親にはまたそれぞれの両親があるというように、人間の生命は過去無量の祖先の生命を受け継いだものであり、さらにそれは子子孫孫を通じて永遠に繋がれいく。

しかもその生命には、単に生物学的・生理学的生命だけでなく、祖先のだれもがそれぞれの時代や社会の中で精一杯生き抜いて来た限りにおいて、その思いや願いも蔵されていると考えざるを得ない。次の詩は、このことについて見事に謳いあげている(21)。

自分の番　　相田　みつを

父と母で二人
父と母の両親で四人
そのまた両親で八人

こうして数えてゆくと
十代前で、千二十四人
二十代前では……?
なんと、百万人を超すんです

過去無量の
いのちのバトンを
受けついで
いま、ここに
自分の番を生きている
それがあなたのいのちです
それがわたしのいのちです

ここから日本人の祖霊崇拝を生じてくる。東京大学名誉教授相良亨は日本人の死生観について述べる中で、「古代人は、魂は浮遊するものであって、これが肉体に宿る時には生命になると考えた。死は、この魂からの遊離であり、再び浮動するものとなる。盆は、この先祖の魂を迎え送る行事である。……祖霊としての魂は、はじめ名をもち個性的な存在であったが、時をへると個性を失って、一つの尊い霊体に、融け込んでしまうというのである」と述べられている(22)。

さらに彼は、『日本霊位記』などから「縁の意識」について述べ、次のようにも言っておられる(23)。

　たまたま、いま父となり、いま子としてあるのも、それぞれ輪廻をつづけてきた主体である。それぞれが輪廻してきた主体であると見るこの人間のある主体も注目されるが、その主体と主体とが、はかりえざるを因果によって、今生において父と子としてかかわり合っているのである。それが〝父子の深き縁〟である。現在の親子関係も、はかりえざる不思議さに裏打ちされているのである。現在、父であり子であること、そのことがいわば霊位なのである。

ここに、親鸞聖人(一一七三―一二六二)の次のお言葉が思い出される(『歎異抄』)。

　一切の有情《うじょう》はみなもって世々生々《せせしょうじょう》の父母兄弟《ぶもきょうだい》なり。いづれもいづれも、この順《じゅん》次生《じしょう》に仏《ぶつ》と成りてたすけ候ふべきなり。

それだけに人間はだれしも、その生物学的生命は人類の歴史の中で何億兆分の一ともいうべき極微なものにしか過ぎないとしても、その生命は悠久なものであり、その根源を尋ねると、人間はいつ、どこで、どのように生を享けたとしても、この目には見えない何ものか、一つの霊体、普遍者としての大生命、宇宙の根源、相良教授の言葉を借りるならば「宇宙の大生命」、村上博士であるならば「サムシング・グレート」と結ばれているると言わなければならない。ここからも、人間の生命はまさに人間の力を超えたもののなせる業《わざ》であることを痛感せざるを得ない。そうして、自分の生命が永遠なる生命のバトンを受け継ぎ、それが次世代に引き継がれていくものであることを考えるならば、自分の生命の重さを知り、祖先を尊敬するとともに、自己を粗末に扱うことは、祖先ばかりか子子孫孫までも冒瀆することになり、さらに宇宙の根源ともいえる大いなるものにも背くこととなることを自覚するに至るであろう。

(4) 生命の掛け替えのなさ

村上博士は、人間の生命には三十億塩基もの情報量が極微の空間に整然と書き込まれているることを明らかにされたのであるが、ではそこで、一組の両親からどのくらいの種類の子供が生まれるかということについて、次のように述べられておられる(24)。

一組の両親からは、……約七十兆の種類の子供が生まれる可能性があるのです。あなたは、七十兆分の一なのです。これはもう、奇跡的な数字です。まさに、あなたは、七十兆の中から選ばれてきた、かけがえのない一人なのです。

父親からの遺伝子と、母親からの遺伝子の情報を受け継いだ受精卵には生物の設計図がちゃんと、すべて入っているのです。人間がいくら努力しても書くことのできない、人間を作るための設計図です。したがって、両親は、子供を作るきっかけを与えただけで、〝子供を作る〟なんて、そのような傲慢なことはとてもいえません。サムシング・グレートからの贈り物なのです。

それぞれ掛け替えのない七十兆分の一の生命であるということは、同じ両親から生まれた兄弟姉妹はおろか双生児にしても、顔形も性格も異なるように、この世には同一の人間は二人としていないことを意味している。それだけに、それぞれが尊い存在なのであり、だれもがそれぞれのよさと可能性を秘め、この世で果たすべき各々の役割や責任を負わされていると言わなければならない。まさに、

池中《ちちゅう》蓮華《れんげ》。大如車輪《だいにょしゃりん》。青色青光《しょうしきしょうこう》。黄色黄光《おうしきおうこう》。赤色赤光《しゃくしきしゃっこう》。白色白光《じゃくしきじゃっこう》。微妙香潔《みみょうこうけつ》。

（『仏説弥陀経』）

というべきであろう。

(5) 聖なる生命

先に、人間はいつ、どこで、どのように生を享けたとしても、人間の力を超えた宇宙の根源とも言うべきものと結ばれていると言ったのであるが、それはまた、この根源的なものを媒介として、すべての人間が結ばれていると言うことができる。この人間の力を超えた宇宙の根源とも言うべきものの存在に気づき、それに対して畏敬の念を抱くならば、それと同じく結合（religio）されたすべての人間を聖なるものと感じ、相互に尊重し合うことに至るのである。

ここに、『法華経常不軽品第二十』に説かれている「常不軽菩薩《じょうふぎょうぼさつ》」のことが想起される。山田恵諦元座主は、それを次のように解釈されている[25]。

遠い過去世に、大成国という国に威音王如来《いおんのうにょらい》という仏が居られた。此の国の仏は、威音王の名を称えたのであるが、初代の威音王如来の滅後、正法の時節を経て、像法の世となった頃、増上慢の僧が勢力を恣《ほしい》ままにして、聖教《しょうぎょう》が正しく流布《るふ》せられなかった。此の時に、一人の比丘がいた。此の比丘は「一切衆生には本具の仏性（生まれながらにして、仏になる性分を具えている）があり、この仏性が開発すれば仏になる」ことを説き聞かせると、深くこれを信じて、本具の仏性を礼拝敬恭すると共に、この作仏を知らせようと決心し、比丘、比丘尼はもとより、一切の人々に遇うときは、

「あなたには仏性がある。菩薩道を行じて作仏せられるお方であるから、私はあなたを尊敬します。南無未来の仏さま」

といって礼拝するので、人々は侮辱せられたように感じて、罵り怒り、杖でたたいたり、石を投げたりする。比丘は遠くに逃れて、その姿が見えなくなるまで「私はあなたを軽慢しません、作仏を尊敬します」といいながら、礼拝をつづける。この比丘の所作は、いつになっても変ることがなかったので、世の人はいつとはなしに、此の比丘を、常不軽と呼ぶようになった。

ドイツの幼児教育学の創設者フレーベル（F. Fröbel, 1782-1852）も、その著『人間の教育』（一八二六）の冒頭に言っている(26)。

すべてのもののなかに、永遠の法則が、宿り、働き、かつ支配している。この法則は、外なるもの、すなわち自然のなかにも、内なるもの、すなわち精神のなかにも、自然と精神を統一するもの、すなわち、生命のなかにもつねに同様に明瞭に、かつ判明に現れてきたし、またげんに現れている。……この統一者が、神である。

万物の中に神が宿るというこのフレーベルの思想は、万有在神論と称されるものであるが、ここから、キリスト教における造物主・絶対者としての神と、仏教における覚者としての仏とでは、その意味が異なるとしても、人間の生命には何か大いなるもの・神聖なるものが宿り、作用しているという考え方には、共通なものがあると言わなければならない。そうして、自他の内に宿る神聖なるものに対して畏敬の念を抱くことから、自尊とともに他者への尊敬も生じることになる。こうして、自他の人格や人権を尊重し、さらに人間愛や人類愛へと発展していくと言うべきである。

シュプランガーは、「〝人権〟に関する最古の文献には、〝すべてのたましいは、神に直結する〟と書かれてあり、人権が根源的には宗教的な個人主義が全体的な生の形成の中に放射されていることを、明瞭に認識させる」(27)と言うのであるが、確かに「アメリカ独立宣言」(一七七六年)にも「われわれは、自明の理として、すべての人は平等に作られ、造物主によって、一定の奪い難い天賦の権利を付与される」とあり、また、「フランス人権宣言」も、「この国民議会は、最高の存在(神)の前で次のような人権及び市民の権利を承認し、また宣言する」という言葉から始まっているのである。我が国でもかつては「天賦人権」と称されていた。この形而上的な意味を失った人権論では、皮相的なものに陥ると言わなければならない。ここからシュプランガーも言っている(28)。

人間愛とは、あらゆる人間が同一の聖なる根源に由来する、したがって、あらゆる人間がこの形而上的連帯の意味で愛護され、尊敬され、愛されるべきであるという予感である。単なる社会的結合は目的的結合であり、したがって浅薄である。……真正な人間性のうちに支配するものは、すべてのひとがたましいによって結ばれているという予感、そうして、人間それ自体は聖であるという予感である。

(四) 自己を見つめる

上述したように、自己の人間としての存在及び生命そのものの意味をその根源に遡って深く捉え、その生命が人間の力を超えた大いなるものから授けられたものであり、得難く、尊く、掛け替えなく、聖なるものであることが自覚され、それに対する畏敬の念を抱くならば、それと目には見えない糸によって結ばれた自己の内なる神性ないし仏性に対しても畏敬の念を抱くことになり、それが自尊の心を育てる。そしてまた、他者の内にも同じ神性ないし仏性が秘められていることを感得し、それに対しても畏敬の念を抱くに至り、それが他者の人格・人権の尊重を促し、さらに人間愛ないし人類愛に発展する。また、生かされて生きることに気づくことから、自己の有限性や相対性も自覚され、奢りや傲慢からも脱され、謙虚さが生じてくる。ここから、自己がこの世に生を享けたことの意味を問い、自己の果たすべき役割や責任を求め続けることであろう。

相田みつをは、このことを次のように謳っている(29)。

わたしは無駄にこの世に生まれてきたのではない

また人間として生まれてきたからには
無駄にこの世を過ごしたくはない
私がこの世に生まれてきたのは
私でなければできない仕事が
何か一つこの世にあるからなのだ
それが社会的に高いか低いか
そんなことは問題ではない
その仕事が何であるかを見つけ
そのため精一杯の魂を
打ち込んでゆくところに
人間として生まれてきた意義とよろこびがあるのだ

ここに謳われている「人間として生まれてきた意義とよろこび」から、「感謝」の念が生じるとともに、それに対してお返しすること、報いること、つまり「報恩」の念が湧き起こることであろう。この感謝と報恩は、日頃お世話になっている人々に対するものだけでなく、すべての人たちに対するものでなければならない。この意味から、文部省『学習指導要領』小学校「道徳」の「内容」においても、平成元年度から高学年の「感謝」の内容項目が、次のように改められた。

日々の生活が人々の支え合いで成り立っていることに感謝し、それにこたえるようにする。

このことと関連し、山田恵諦元座主のお言葉をも挙げておく必要がある(30)。

人間は一つのことを成功させるためには、必ず「三つの力」を必要とします。第一は自己の最大の努力、第二は周囲の援助、第三は神仏の加護。この三つの力が揃わないと、ものごとはうまく進まない。逆にうまくいくことは、たとえ自分では気づかんで自分の力だけだと思っていたとしても、三つの力が備わった結果であると、仏教では説いています。

こうして、この感謝は人間に対してだけでなく、「生かされて生きること」に対する感謝へと発展していく。また、人間が生命を維持し、生存するためには、これまた「生命」をもつ動植物を食物とし、人間には有害な動植物を殺傷し、また、樹木を伐採して家屋を建て家具などを造り、さらに、住居や学校や工場や病院などを建築するためには、緑の山野にブルドーザーを入れなければならない。このことを深く考えると、わたくしたちは、人間が大自然から無限の恩恵を受けながらも、そこに生きる動植物を犠牲にせざるを得ないことに対する痛みを痛感せざるを得なくなってくる。このことに思いを致すならば、当然、無益な殺生をしたり、物を粗末に取り扱うことができなくなってくる。食前食後にも、贖罪と感謝の祈りを捧げざるを得なくなってくる。自然環境を保全し、動植物を愛護するとともに、物を大切に扱うことにもなろう。

さらにこの感謝の念は、「それにこたえる」こと、いわば報恩としての活動に向かうことが求められてくる。この意味において、小学校「道徳」の「内容」にも次の項目が見出される。

身近な集団に進んで参加し、自分の役割を自覚し、協力して主体的に責任を果たす。

これこそ、伝教大師の「一隅を照らす」(『山家学生式』)精神と言うべきであろう。たとえささやかなことであっても、その時その場で果たすべき役割を自発的、積極的に行い、自らの責任を果たしていくことが大切なのである。

ボランティア活動にしても、弱者に対して恩恵的に施すものではなかろう。この「生かされて生きること」に対する感謝と報恩の念からおのずとなされていくものでありたい。これが、伝教大師のいわゆる「忘己利他」の精神であると言ってよい。すなわち、

悪事に己に向かえ、好事を他にし、己を忘れて他を利するは慈悲の極みなり(『山家学生式』)。

このお言葉は、昭和五六年にローマ法王ヨハネ・パウロ二世が初めて来日し、我が国の宗教界の代表者たちを前に挨拶された中で引用されたものでもある。山田元座主は、法王が、次のように挨拶されたと言っておられる(31)。

ローマ法王は、いまから千二百年ほど前に現れた偉大な宗教家・最澄の言葉を借

りるならば、〈己を忘れて他を利するは慈悲の極みなり〉と言っておられる。これこそが、世界宗教の一番大切な理念であり、宗教行為であるから、世界中の宗教者がこれを用いようではありませんか」と、挨拶された。

この「忘己利他」について、山田恵諦元座主は、次のように解釈されている(32)。

伝教大師の「悪事を己に向かえ、好事を他に与え、己を忘れて他を利するは、慈悲の極みなり」というお言葉を略して「忘己利他」といいます。だれもやりたがらない苦労の要る仕事を自分で引き受け、やりやすい仕事を他人に回し、自分の利益は考えずに他人の役に立つ人は、仏と同じである、という意味。この「忘己利他」というわずか四文字をいつも胸に置きさえすれば、それがそのまま宗教になり、宗教心の発露となり、宗教生活の基本となる。

この「忘己利他」の精神は、特別な行為としてではなく、日常生活の中でつねに生かされ、実践されるべきものであろう。そのお返しも、物や金銭によるのではなく、日常生活の中でのちょっとした工夫や努力によってだれもがなし得るものであり、これによって相手に喜びや嬉しさの心を与えられるのである。仏教で言われる「無財の七施」（『大蔵経・雑宝蔵経』）とは、このことを教えるものではなかろうか。すなわち、

眼施《がんせ》、和顔悦色施《わげんえつじきせ》、言施《ごんせ》、身施《しんせ》、心施《しんせ》、牀座施《しょうざせ》、房舎施《ぼうしゃせ》

このことの説明は、故東井義雄先生の著書『喜びの種をまこう――誰にでもできる無財の七施』（柏樹社、一九九〇年）に委ねよう(33)。これには、先生の感動的な実践例を通じて、国公立学校園でも宗教的情操の涵養が十分になされ得ることをも示唆されるのである。

これまで「生命の尊重」と言えば、それはとかく「健康の増進と安全の保持」という生物学的・生理学的次元でしか捉えられていなかった。しかし、ここから脱し、「畏敬されるべき生命」に深く思いを寄せ、自己を見つめるならば、自己の人間としての在り方や生き方についての自覚が深まってくる。この中で、当然、自他の健康や安全の保持についても、おのずとなされていく。道徳教育の各内容項目についても、この観点から見

直されるべきである。ともあれ、「生命に対する畏敬の念」を基盤にしなかったならば、心の教育は成立しない。宗教的情操の涵養も、ここからなされていくのである。

㈤どう育てるか

⑴心にやすらぎと落ち着きをもたらす場を構成する

現代人は近代文明の中で物質的には豊かな生活を享受しながらも、汚濁と騒音に満ちた刺激の洪水に流されがちとなり、何か慌ただしく、落ち着きのない毎日を過ごしている。人びとの心のつながりも希薄なものとなってしまっている。そこでは、自己の内面に目を向け、自らを省りみる「ゆとり」もないかのようである。これでは、人間の力を超えた大いなるものの存在に気づくことにさえ至らないであろう。真に人間らしい生活を営むためには、何よりも暮らしの中に時間的・精神的な「ゆとり」を見出すことが必要であり、特に「忙中に閑あり」とする「心のゆとり」をもつことが大切となる。

このことは、子供にとっても同様である。学校や教室は子供たちにとって「共に学習する場」であるとともに「共に生活する場」でもあり(34)、子供たちが心の安らぎや落ち着きの中で真剣に学習に取り組めるよう、精神的に「ゆとり」のある教育環境として整えられなければならない。まず大きな声で朝の挨拶を交わし合うことが大切であり、ここから明るい学校生活が始まっていく。先の眼施、和顔悦色施、言施が生かされるであろう。

また、教師と子供、子供相互間には、温かい、良好な人間関係が築かれるべきことは言うまでもない。その際、教師は、まるであの常不軽菩薩のような心をもって、一人ひとりの子供の内に神性や仏性が宿っているものとして、児童・生徒に対して畏敬の念をもって接し、慈愛の眼をもって子供の心をその奥底から捉えるとともに、一つの物差しからではなく、多元的な、多様な角度から一人ひとりを見て、それぞれのもつよさや可能性を見出し、おのおのの子供が自己の存在感や自己表現の喜びを実感できるようにしてやりたい。

ここから、教師に対する「愛」や「信頼」の念が、また子供間には「思いやり」の心が育っていく。さらに、学級や学校の生活が皆の支え合いや助け合いによって成り立っていることが感得され、それに対する感謝の念から、子供たち自らが「共に生活するよき場」を築き上げるために、自らの「責任」を果たし、「奉仕」するように促されていく。

つまり、先の身施と心施、さらに牀座施、そうして「忘己利他」の心が生かされていくのである。これを促す方途として、次のシュプランガーの言葉は示唆的である(35)。

思春期前の子供は、いったいどうして小さな責任を好んで引き受けようとする気を起こすのだろうか？　小さな責任がすでに真剣な世界の何らかの場で必要とされ、また、そのことをいくらかなりとも頼りにされている時に、子供の自己感情が高まるからである。このことによって、より低次のエゴ的な自我がより高次な自己の方向に一段高められる。……すでに純良種の犬は、自分の主人の書類鞄を口にくわえて家に運んでもいいとされていることをどれほど誇らしげに思っているかを、自己の気取った態度の全体で示している。子供もまた、自分らに責任のある課題が託されるならば、それに誇りをもつのである。子供はそれによって内心から成長する。子供はそこからすでにまた、「汝自身に注意せよ！」という定言的命令を理解することを学ぶのである。それは同時に、「汝自身を尊敬せよ！」という他の命令を理解することへの一段階である。

この「自尊」「愛」「感謝」「信頼」「思いやり」「責任」「奉仕」の心こそは、宗教的情操の基礎となすものと見なすことができよう。

(2) 自己自身に導き入れる体験に培う

『学習指導要領』の総則に明示されているように、「豊かな体験を通して児童(生徒)の内面に根ざした道徳性を育成する」ことは、道徳教育の基本である。特に「畏敬の念」や宗教的情操の涵養は、知的に理解されるというよりは、まず子供の内心に感得されるものであるから、何よりも感動的な、心をゆさぶる体験に根ざして覚醒していくことが大切である。特に今日の子供が家庭や地域社会の変化の中で、自然とは疎遠、労働とは無縁になってしまっている。ここから来る遊びや体験の欠如が、子供の性格形成に多くの問題を投げかけている。まして、家庭や地域社会の中で年中行事として行われていたものの中には宗教的情操を培うために有益なものが少なくなかったのであるが、それが行われなくなったり、参加したりすることが少なくなった今日では、宗教心の芽生えさえも養われていないことになる。価値ある遊びや体験を耕していくことが、これからの人間形成にとって大きな課題となってくるが(36)、本論では学校園において図られるべき体験に留めたい。

厳しい冬に耐えて芽を出し路傍に美しく咲く草花、登山で拝した御来光や雲海、夕焼けの素晴らしさ。これらのすがすがしさ、神々しさに触れ、涙が出たという体験。大空の星を仰ぎながら、ちっぽけな一人の人間として生きる者でしかないことを実感した体験。このような自然の摂理や神秘に深く感動したり、時には畏怖したりするような体験を、意図的に学校教育の中に取り入れたい。これによって子供たちは、大自然の中で、大地に抱かれ、大いなる力によって生かされている自分を実感することができるであろう。

ともあれ、人間の生活は自然との関わりを抜きにしては語れない。自然に囲まれ、その摂理に順応し、その産物を衣食住の糧とした暮らしの中で、自然の恩恵に対する感謝の念を基に、その美しさ、素晴らしさ、不思議さ、神秘さ、恐ろしさなどを、子供たちに感得させ、それを通して、人間としての在り方や生き方についての自覚を図らなければならない。特に我が国においては、すでに述べたように、古来の自然崇拝と大乗仏教とが結びつき、小さな虫けらの中にも聖なるものを感じ取る寛容宥和な心が育てられてきた。それだけに、自然との深い関わりの中で、日本人古来の知恵や生き方にも学びながら、人間の力を超えた大いなるものに対する畏敬の念を育てることが肝要と考える。

また、動植物の飼育栽培や勤労体験を通して、生きとし生けるものが人間の力を超えた不思議な力や神秘なものに支えられて生きているという事実を感じることが大切なのである。さらに弟妹の誕生や自分の誕生日、あるいは肉親や親しい人の病気や怪我、死に接した時にはもとより、さらに日常生活の中でのテレビ、新聞記事などで出会ういわゆる美談から、それに対処する大人や教師の態度を通じて、子供たちは敬虔なものを感じ取ることであろう。

核家族の増加とも関わって、祖父母との接触の少ない今日の子供たちは、老人ホーム等を訪問し、経験話に耳を傾けたり、伝統的な玩具や藁細工、紙細工、手工、手芸、民芸等を学ぶことから、高齢者への畏敬の念、我が国の伝統文化や美風に対する理解も深まってくる。学校の中で地域の高齢者と子供たちが触れ合う場を設定することも考えられよう。ここで高齢者と共になされる体験が子供一人ひとりの感性を耕し、生活の智恵や日本人の心を学ばせ、価値観を深めさせていく場と機会ともなり得るし、その中で思いやりや優しい心も育てていくのである。

なお、地域にある伝統や文化、祖先から崇拝されてきた古跡や神社仏閣、伝統行事等に接することから、あるいは遠足や旅行で訪ねる名所旧跡等に接することから、子供たちは悠久なるものから自己を見つめ直すことができ、人間の力を超えたものへの畏敬の念を深め、宗教的情操を培っていくことができる。ただこの場合、子供たちの保護者の信仰がまちまちであることに鑑み、他宗教に対する寛容な態度を育てるとともに、個人の信仰の自由を尊重する態度をもつことが必要となる。神社仏閣への参詣は子供たちに強制することはできないとしても、祖先たちが崇拝し、営々と守り続けてきた尊い文化財として、そこから宗教・宗派の違いを超えて息づく悠久なるものを感得させることはできないものだろうか。ともあれ教師がそれらに敬虔な態度で処することから、子供たちもそれを感じ取ることは間違いない。

今回の教育課程審議会答申では、特に道徳教育に資するために、「ボランティア活動、自然体験活動、学校間の交流活動、高齢者をはじめ地域の人々との交流活動、観察や調査、実物に触れる活動、感性や情操をはぐくむ活動、様々な立場について考える活動等」が重視されている。しかしこれらが単に体験することに留まらず、しかもそれらが深い感動を伴って自己自身を深く見つめることに導き入れる体験でなければならないのである。

シュプランガーは次のように言っている(37)。

子供を自己自身に導き入れる諸体験が、学校生活の中で絶えず子供のために起こるべきである。それらの諸体験のうちでもっとも奥深いものを、われわれは「底から揺り動かすようなもの」と言うのである。そうした体験が心に刻みつけられるべきであり、もっとも恵まれた場合には、それは「持続的」でもある。すなわち、その体験は決して二度とは完全に忘れられ得ない。

ここで体験的活動を行う場合の留意点やその限界について述べる必要があろうが、それは他に譲り(38)、ともかく価値ある、感動的な体験が厳選されて実施される必要があることだけを指摘しておきたい。

(3) 感動的な文学・芸術との出会いを図る

人間は偉大な文学作品や芸術に接する時、心の内奥にまで至る深い感動を覚え、それに賞嘆するとともに、その作品の根底に凡人ではなされ得ないものを感じ取る。同様に、人間の歴史を眺める時、その営々とした流れの中に歴史を築き上げてきた人物の偉大な業績やその言行から、われわれと同じ人間でありながら、人間の業を超えた大いなるものの存在を発見する。それは世界史という大きな舞台の上だけでなく、身近な郷土の中にもその先覚として見出される。そうしてそこから、自分自身の人間としての在り方や生き方に対する示唆を与えられ、未来への指標を見出し、大いなる理想に生きようとするのである。

特に「古典」として時間や空間を超えて現代に生き続けている作品の中には、そこから学び取るべき多くの宝物が潜んでいる。人生の苦悩を経ながら人間の本質を問い求める中でなされた、人間の力を超えた大いなるものへの思索が息づいている。特に我が国の古典には、独自の自然観や宗教観も見られるのである。時代の激しい変動の中で価値観が多様化し、そこには混乱さえ見られる今日にあって、これらの古典から「不易」なものを探り出し、確固とした足場を求めながら、「流行」に処していくことが肝要である。

シュプランガーも、文学作品などによって良心に価値ある典型を与えるとともに、特に青年を自己自身に導き入れるために、次のように言っているのである(39)。

専門の教育学の中で若人が抱く良心の苦しみに対して何ら教えられることがなかったとしたら、私は青年の生活を取り扱った小説の中に直観的な素材を求めるように奨めたい。すぐれた詩人は、必然的にすぐれた心理学者である。というのは、おそらく彼はつねに豊かな人生からの実例によって語られるように促されているであろう。彼がまたすぐれた教育学者であるかどうかを、少なくとも彼が子供たちに出会わせるであろう成人たちの姿を通じて、――とにかく彼の物語によって吟味しよう。このことによって、ひとは自分の眼を鋭くするであろう。

ビューラー（C. Bühler, 1893-1971）も言っている(40)。

若い人たちは人生を予見しようとして、彼の前に迫っているものを知ろうとし、鼓舞され、わくわくすることを願い、憧れの対象を見出す。

こうして青年は、芸術や文学を通じて自己を見つめ、自らの世界観・人生観を養っていくのである。当然、その中で宗教にも目覚めていく。

しかし、物語等によって道徳的・宗教的情操が涵養されるのは、青年だけではない。シュプランガーは人間性への教育のために「良心に価値ある典型を与え、道徳的意識をいわば良心の世間的な状態をなしている具体的な内実で実らせることは可能である」とし、「陶冶的な想像力の感化」を重視するのであるが、彼は次のように言っている(41)。

子供向けの寓話が行っているように、一般的規則を直観的な物語の中に着せ込む場合には、すでに本質陶冶の核心により近づいている。道徳的説話は、その有用性の道徳とともに啓蒙主義時代に由来する平板な形式でしかほとんど知られていないので、われわれの許で不当にも厳禁されている。極東は、この術においてわれわれよりも勝れている。そうして、道徳的説話は先取りされた現実生活の像を描くことができ、その時、その像が想像力を自分のものとする。

彼はまた、違ったところでも言っている(42)。

今日、いわゆる道徳的説話は、いかなる年齢段階のひとにも不適切であると排撃されている。おそらく、われわれが説話をもっぱら啓蒙主義時代の著しく誇張された形式でしか知らないからであろう。日本人はもっと深い説話をもっている。しかし、本来、若い読者にはあらゆる物語が道徳的に意義ある説話になるものであるというのは、若い読者は、われわれよりもはるかに熱烈に自分を英雄たちと同一化するからである。さまざまな事件が、真正な倫理的価値視座から描き出されていることだけは、配慮されなければならない。成長しつつある者は、彼の純粋性への根源的な性向によって、そのことを確実に感じとっている。

ここで、シュプランガーが言う「啓蒙主義時代に由来する平板な形式とする物語」とは、善悪があからさまに描かれた説教小説や安易な勧善懲悪物語を指しているのであろう。これに対して、われわれ日本人が、幼い頃に縁側で日向ぼっこをしながら、あるいは囲炉裏を囲みながら、祖母や母から語られた、あの「むかしむかしあるところに……」で始まるお伽噺には、子供を想像の世界に浸らせながら、社会の思いや願いを子供の心におのずと感得させるものがあった。神秘的なものや何か大いなる力を感じさせ、畏敬の念を養うものも少なくなかった。これらは母親の背中に負われながら聞いた子守歌とともに、子供の心の奥底に温められ、その心情を養っていたと言わなければならない。

今日の家庭でこのようなお伽噺が語られず、子守歌も聞かれなくなったことからも、学校では上述した発想を生かしながら、教師が子供たちにお伽噺を読み聞かせることが必要となってくる。特に幼児期や小学校低学年期は、魔術期ともお伽噺とも称されるように、童話《メルヘン》の世界にそのまま感入することのできる年齢期にある。この時期にこそ、童話などによって美しい心や気高いものに触れ、敬虔な心の芽生えを育てたいものである。

小学校中学年期には、子供の興味や関心は現実的なものに向かうのであるが、天体の運行や宇宙の法則性のもつ美しさ、芸術性豊かな作品や人間の行為に見る気高さなど、子供の心の中にある「美しさや気高さ」を目覚めさせる場と機会は多い筈である。また、実生活に素材し、人間を主人公とした生活童話や現実に近い伝説・伝記などから、そこに描かれた「美しさや気高さ」を感じ取ることができるのである。

小学校高学年期には、人間のもつ心の崇高さや偉大さに感動したり、真理を求めたり、なんらかの道をひたすら極めようとする姿に心を打たれたり、偉大な芸術作品のうちに秘められた人間の業を超えたものに感動したり、さらには大自然の摂理や生命作用の神秘さ、それを包み込む大いなるものの存在に気づくことができるであろう。文学作品や、偉人、科学者、芸術家などと並んで宗教家の伝記に触れることを通じて、人間の力を超えたものに対して畏敬の念が目覚め、宗教的情操が養われていくように援助してやりたい。

さらに、中学生になると、文学的名作や人生論などに親しむことが可能となる。高等学校にあっては、仏教、キリスト教、イスラム教の三大世界宗教に対して、基礎的・客観的な理解を図ることは、これからの国際時代に鑑み、どうしても必要となる。

なお、古典的な音楽や美術が宗教的情操を培う上で大きな意義をもっていることについては、ここで述べるいとまはない。

(4) 自己を見つめる場を設定する——道徳の時間の充実

これまで述べてきた宗教的情操の涵養は、生命に対する畏敬の念に基づくものであり、その限りでは教育活動全体の中で、各教科、特別活動等、それぞれの特質に即してそれを配慮することが求められる。しかし、その中心となるのは道徳教育であり、その要《かなめ》としての役割を果たすのが、道徳の時間である。

道徳の時間は、いうまでもなく、学校教育活動を通じて行われる道徳教育を「補充・

深化・統合」し、「計画的、発展的な指導」を行う場と機会であるが、ここでは特に「道徳的価値の内面的自覚」を図り、内面的資質としての「道徳的実戦力」を育成することが目指されている。ここで言われている「道徳的価値」とは、端的に、文部省『学習指導要領』第三章に第二「内容」として明示されてある各内容項目であり、宗教的情操の涵養に直接関係するのは、その第三の視点「主として自然や崇高なものとのかかわりに関すること」に含まれる三項目、徳目化するならば、①自然愛〈動植物愛護、環境保全〉、②生命尊重、③敬虔・畏敬である。これらは相互に関連し合うものであるし、また、他の三つの視点とも関連させて指導することも大切である。このことについては、ここでは述べない[43]。ともあれ、これらの道徳的価値が児童・生徒の発達的特質に即して自己の内面から自覚されるように指導されなければならないのである。

このために特に配慮されなければならないのは、前述した「自己自身に導き入れる体験」を道徳的価値の観点から省察し、それに根ざしながら「感動的な文学・芸術との出会い」がなされ、それによって自己が道徳的な感じ方や見方や考え方が拡大され、深化される中で、「わたしとは何か」「わたしは人間としていかに在るべきか、いかに生きるべきか」について考察していくことである。この中で道徳的価値が内面的に自覚され、より高い生への志向が図られなければならない。「感動的な文学・芸術との出会い」は精選された資料を通じて行われるのであるが、この資料が特に大きな意義をもつことについては言うまでもなかろう。かつてわたくしは、上廣倫理財団から依頼され、同財団が全国から募集した児童の感動的作文から道徳資料として有効に利用され得るものを選び、編集したことがある。そこでは低学年の児童にも、「敬虔・畏敬」に係る体験が驚くほどになされていた(44)。このような児童の体験を資料化することもできるし、また、これが導入部で省察され、童話や民話などによって拡げ、高め、深めることもなされ得る。あるいは終末部で利用することもあろう。これをも含め、地域に伝わる民話や先覚の伝記、さらには文学作品などから、宗教的情操を涵養するための資料の開発が求められるのである。

道徳の時間の指導について論じる場ではないが、ただ、この時間の中でもっと静かに自己を見つめたり、自己と語り合う沈黙の場を配慮することだけは言っておきたい。ペスタロッチーはあの感動的な実践記録『シュタンツ便り』の中で、「どのような徳でも口で言う前に、まず感動を喚起するとともに、活動を目的としながらその手段として子供に沈黙させた」(45)と述べている。シュプランガーもまた、「出会いに付着する価値内容が、長く、また深く、若いたましいのうちに作用し続ける」ためには、言い換えると「価値内容がそこに根を下ろす」ためには、「多くの弁舌」よりも「沈黙の一休止」の方が効果が高いのであり、「概してわれわれは、学校において沈黙の効果性を顧慮することが、あまりにも少な過ぎるのではなかろうか?」と言っている(46)。

今日の学校では、児童・生徒に語らせることに忙しく、時には懺悔まがいのことまで全員の前で発表させていることはないであろうか。また、早急な効果を求め過ぎてはいないだろうか。内面的資質としての道徳的実践力とは、自己の内面にしかと根づき、潜在的、持続的な作用を及ぼしていくものである。それを養うためには、授業中に子供たちがもっと密かに自己と対話する機会を図ったり、静かに余韻を残して授業を終了し、感動を心の内に温め続けさせておくことなどが必要であると思うのは、わたくしだけではなかろう。

(5) 大人(教師)の感性を磨く

畏敬の念を抱くかどうかは、その人自身の感性の問題であり、また、その世界観・人生観に深く関わる事柄である。ともあれ、まずは自分自身が美しいもの、不思議なもの、崇高なものなどに、自己のたましいが揺り動かされるかどうかにかかっているのである。レイチェル・カーソン（R. L. Carson, 1907-1964）は述べている(47)。

世界の喜び、感激、神秘などを子供と一緒に再発見し、感動を分かち合ってくれる大人が、少なくてもひとりそばにいる必要があります。

日常生活の中には、子供が畏敬の念を抱き、宗教的情操を育まれる場や機会は多くある。しかし、それを感じ取れるかどうかが問題であり、その素直な感情をいっそう高めるためには、まず、大人（教師）が子供とともに感動することが大切となる。ここに、大人（教師）自らにみずみずしい感性が要求されることとなる。

また、大人（教師）の子供への心豊かな関わりが大切であることは、言うまでもない。例えば、美しいものには「美しい」と、大人（教師）の心を素直に表すことによって、子供の美への感情が芽生え、育つのと同様に、畏敬の念や宗教的情操の涵養にあっても、何らかの事象に接した際の大人（教師）の対応が大切となる。例えば、子供が怪我をしたり病気に罹ったりした際に、あるいは友だちや肉親が死亡した際に、大人や教師がそれにどのように対処するかによって、子供の心に大きな違いが生じるのである。ある小学校であるが、ある子の祖母が亡くなり、その葬儀のために欠席した時に、その担任教諭は、その子の気持ちがどうであろうかを自分の体験と関わらせながら皆に語ったところ、この学級の子供たちは、会ったこともないその友だちの祖母の死を悼む作文を書いたと言う。また、ある幼稚園であるが、園で飼育していたインコが死んだ時、すべての園児たちに一人ずつ順番に、あえて自分の指先でインコに触らせて、死んだら冷たくなり、硬くなることを実感させてから、丁重に葬った。その葬儀の間中、園長はずっと合掌していたが、園児には何ら指示はしていない。公立幼稚園だったからである。その後、自分たちが捕らえたイモリやメダカを川や池に返してやる園児が増えたと言う(48)。

先に、教師は常不軽菩薩のような心でと言ったのであるが、子供は大人（教師）から信じられている、愛されていると感じることによって、人を信じ、人を愛することができるようになる。そして、それが人間の力を超えたものへの畏敬へと繋がり、宗教的情操を培っていく。大人（教師）自らが自己の人間としての在り方や生き方を追求し続け、宗教心を抱くことが、宗教的情操の涵養への道を開くための鍵であると言わなければならない。

最後に、シュプランガーの言葉を挙げておこう(49)。

あなたが教育を教え学ぶことのできる〝技術〟であると考えているとしたら、教育のためには内的な前提をもっていないのであり、その職業からは決別する時にある。では、いかなる前提なのか?――あなたが子供に作用しようと努力している聖なる畏怖は、ゲーテに類似して、三つの畏敬、すなわち、倫理的・宗教的価値に対する畏敬、あなたの国民の人類的使命に対する畏敬――次の一つに終結される。あなたの職業の偉大さに対する畏敬。

おわりに

わたくしは昭和六二年に「滋賀県学校道徳教育振興会議」が設置されて以来、その会長を務めさせて頂き、各界を代表する委員たちと審議を重ね、毎年、そのまとめを冊子にし、滋賀県教育委員会に提言してきた。平成八年度には、「〝いのち〟・〝人権〟を大切にする心を育てる教育の推進」という当年度の学校教育の重点課題に応じて、『いのちを大切にする心を育てる』を、さらに平成九年度には『人間の力を超えたものへの畏敬の念を深める』を主題として、あえて宗教的情操の涵養に係る問題に取り組んだのである。時あたかも、いじめによる自殺、オウム真理教の暴挙、さらに神戸市における少年による殺傷事件等々、世を戦慄に陥れる事件が続発し、それらに対する抜本的な対応が迫られている時期であった。幸いにも各委員からその難問に対する貴重な意見を頂くことができた。この審議記録を基にして担当の滋賀県教育委員会学校教育課川那辺正指導主事が提言文の原案を作成し、それに不肖わたくしが加筆修正し、全委員の合意を得て、県教育委員会に提言として提出した。この提言は冊子にされ、滋賀県教育委員会名で県内の教育機関、全学校園に配布されている。

この論考を執筆するに当たっては、この提言を参照させて頂いたことを、感謝の意を表しながら付言しておきたい。思索はまだまだ不十分であるが、心の根底に宗教的情操を据えることが何としても必要であるという強い思いから、国公立の学校園においてもなされ得るであろうことを考察した。厳しいご叱正をお願いする次第である。

註

（1）J. H. Pestalozzi : An die Unschuld, den Ernst und den Edelmut meines Zeitalters und meines Vaterlands. 1815. In : Heirich Psetalozzi, Werke in acht Bänden. hrsg. v. P. Baumgartner. 1946. S. 107.

（2）E. Spranger : Magie der Seele. 2. erw. Aufl. 1949. S. 127.

（3）瀬戸内寂聴編『道堂々』日本放送出版協会、一九九五年。六一頁。参照、山田恵諦『上品の人間』大和出版、一九九二年。五〇頁。

（4）『山田恵諦の人生法話〔下〕生かして生かされる』法蔵館、一九九六年。一九頁。

（5）前掲書、一〇五頁。

（6）瀬戸内寂聴編、前掲書。六五頁、参照、山田恵諦『大愚のすすめ』大和出版、一九九一年。五八頁。

（7）山田恵諦『道心は国の宝』佼成出版社、一九九一年。五八頁。

（8）田中耕太郎『教育基本法の理論』有斐閣、一九五四年。五八四頁。

（9）E. Spranger : Die Volksschule in unserer Zeit. 1950. In : Gesammelte Schriften. Bd. Ⅲ. 1970. S. 189f.（村田昇・山邊光宏訳『教育学的展望――現代の教育問題』東信堂、一九六七年。一〇七頁。）

（10）O.F.ボルノー、森田孝・大塚恵一訳編『問いへの教育』川島書房、一九七八。七九頁。

（11）E. Spranger : über die Ehrfürcht. 1957. In : Menschenleben und Menschheitsfragen. Gedsammelte Rundfunksreden. 1963.（村田昇・山邊光宏訳『人間としての生き方を求めて――人間生活と心の教育』東信堂、一九九六年。七九頁以降）

（12）ditto. S. 88.（前掲訳書、九一頁）

（13）参照、竹山道雄訳『わが人生と思想より』白水社、一九五五年。氷上英廣訳『文化と倫理』（『シュヴァイツァー著作集』第七巻）白水社、一九五七年。村田昇編『日本教育の原点を求めて――伝教大師と現代』〔第二版〕東信堂、一八九二年。二八頁以降）

(14)『金子みすゞ全集』JULA, 一九八四年。『美しい町』一〇一頁。
(15) 参照、中村元『日本人の思惟方法』春秋社、一九六二年。
(16) 拙著『「畏敬の念」の指導』明治図書、一九九三年。四七頁以降。参照、東中野修道『南京事件―国民党極秘文書から読み解く』草思社、二〇〇六年。東中野修道他『南京事件―「証拠写真」を検証する』草思社、二〇〇五年。
(17) 村上和雄『遺伝子からのメッセージ』日新報道、一九九二年。三〇頁。
(18)『まどみちお全詩集』（伊藤英治編）理論社、一九八二年。六六三頁。
(19) 斉藤昭俊『仏教教育入門』（佼成出版社、一九九三年）にも、「現代の医学では、人間の生命が生まれいずる条件として、女性が受胎するのにもっともよい条件が備わった時間は一ヵ月のうちで一―三時間のチャンスしかないといわれている」ことが指摘されている（二一八頁）。
(20) 拙著『日本教育の原点を求めて――伝教大師と現代』〔第二版〕東信堂、一九八四年。
(21) 相田みつを『人間だもの』文化出版局、一九八四年。六八頁。(22) 相良亨『日本人の心』東京大学出版会、一九八四年。二一五頁。
(22) 相良亨『日本人の心』東京大学出版会、一九八四年。二一五頁。
(23) 前掲書、二一〇頁。
(24) 村上和雄、前掲書。一五五頁以降。
(25)『山田恵諦の人生法話［中］法華経のこころ』法蔵館。一九九六年。二三頁。
(26) F. W. A. Fröbel: Menschenerziehung. 1826. In: Gesammelte pädagogische Schriften. hrsg. v. H. Zimmermann. Verlag von Philipp Reclam.S.29.（新居武訳『人間の教育』〔上〕岩波文庫、一一頁）
(27) E. Spranger: Vom europäischen Bildungsideal. 1951. In: Gesammelte Schriften. Bd. VI. S. 361.
(28) E. Spranger: Erziehung zur Menschlichkeit. 1952. In: Gesammelte Schriften. Bd.I.S.243.（村田昇・山邊光宏訳『教育学的展望』一七七頁）
(29) 相田みつを『いちずに一本道いちずに一つ事』角川文庫、一九九八年。

(30)『山田恵諦の人生法話〔下〕生かして生かされる』一一〇頁。
(31)『山田恵諦一〇〇歳を生きる』(私の履歴書)法蔵館、一九九五年。九二頁。『山田恵諦の人生法話〔下〕生かして生かされる』一〇八頁。なお、法王のこの来日が機縁となって、昭和六二年(一九八七年)八月の「比叡山世界宗教サミット」が開催された。
(32)『山田恵諦の人生法話〔下〕生かして生かされる』一〇六頁。
(33)参照、東井義雄『「いのち」の教え』佼成出版、一九九三年。なお、「無財の七施」については、本書一〇六頁及び拙著『「畏敬の念」の指導』の中で一言している(四四頁)。
(34)E. Spranger : Erziehung zur Verantwortungsbewusstsein. 1958. In : Geammelte Schriften. Bd. I. S. 341f.(村田昇・山邊光宏訳『人間としての生き方を求めて』九七頁)
(35)ditto. S. 343.(前掲訳書、九九頁)
(36)参照、中央教育審議会答申『新しい時代を開く心を拓くために――次世代を育てる心を失う危機』(平成一〇年六月三〇日)。教育課程審議会答申『教育課程の改善について』(平成一〇年七月二九日)。なお、前者の中教審答申には、「宗教的情操をはぐくむ上で、我が国における家庭内の年中行事や法事のもつ意義は大きい。日本人の宗教観や倫理観は、日常生活そのものと深く結びついている。我が国の伝統的な家庭内行事は、例えば、初詣や節分で無病息災を祈ったり、家族一緒に墓参りをして先祖と自分との関係に思いを馳せることなどを通じて、人間の力を超えたものに対する畏敬の念を深めるなど、宗教的情操をはぐくむ貴重な契機となってきた。……今一度、我々は、様々な家庭内行事の意味やその在り方を再評価してみるべきではないだろうか」としている。
(37)E. Spranger : Die Volksschule in unserer Zeit. 1950. In : Gesammelte Schriften. Bd. Ⅲ. S. 197.(村田昇・山邊光宏訳『教育学的展望』一七二頁以降)
(38)拙著『生きる力と豊かな心』東信堂、一九九八年。
(39)E. Spranger : Erziehung zur Menschlichkeit. 1952. In : Gesammelte Schriften. Bd. I. S. 241.(村田昇・山邊光宏訳『教育学的展望』一七二頁)

(40) C. Bühler : Das Seelenleben des Jugendlichen. 6. erw. Aufl. 1967. 原田実訳『青年の精神生活』協同出版、一九六九年。二二六頁。

(41) E. Spranger : Volksmoral und Gewissen als Eziehungsmächte. 1948. In : Gesammelte Schriften. Bd. Ⅶ. 1970. 316.（村田昇・山邊光宏訳『人間としての生き方を求めて』一七五頁以降）

(42) E. Spranger : Erziehung zur Menschlichkeit. 1952. In : Gesammelte Schriften, Bd. I. S. 236f.（村田昇・山邊光宏訳『教育学的展望』一六五頁）

(43) 参照、拙著『「畏敬の念」の指導』五三頁以降。

(44) 村田昇監修『小学校道徳教育資料集——児童感動作文から』上廣倫理財団、一九九三年。なお、拙著『「畏敬の念」の指導』にも、この観点からの資料と実践事例を添付している。

(45) J. H. Pestalozzi : Brief an einen Freund über seinen Aufenthalten in Stans. 1799. In : Werke in acht Bänden. Bd. Ⅲ. S. 108.（長田新訳『隠者の夕暮・シュタンツ便り』岩波文庫。七二頁）

(46) E. Spranger : Die Volksschule in unserer Zeit. 1950. In : Gesammelte Schriften. Bd. Ⅲ. S. 198.（村田昇・山邊光宏訳『教育学的展望』一〇六頁以降）

(47) Rachel L. Carson : Sense of Wander. 1965. 上藤恵子訳『センス・オブ・ワンダー』新潮社、一九九六年。二四頁。

(48) 参照、「宗教と教育—16—インコの葬式」『朝日新聞』（東京版夕刊）平成九年一月二一日号。拙著『生きる力と豊かな心』四五一六頁。

(49) E. Spranger : Zum Geleit. 1949. In : Gesammelte Schriften. Bd. Ⅲ. 1970. S. 130.

あとがきに代えて

わたくしが研究してきたドイツの哲学者・教育学者シュプランガー（Eduard Spranger, 1882-1963）の思想は根底に宗教性をしかと踏まえたものであり、教育が究極的に目指すものも良心の覚醒にあった。それだけに我が国における宗教教育の在り方については常に関心を抱きながらも、それに真剣に取り組んだのは、文部省の「道徳教育に関する調査研究協力者会議」（通称「八人委員会」）に委員として参加してからである（昭和六一年九月—六二年三月）。その委員会は、臨時教育審議会と教育課程審議会が、特に「豊かな心をもち、たくましく生きる人間の育成」を目指して、道徳教育充実の必要性を述べ、その改善方針を求めようとしていた中で、それらの動きにも着目しながら八人の委員によって専門的立場から検討を進めようとするものであった。やがて両審議会の最終答申を受けて学習指導要領の改善が講じられ、わたくしも引き続きその作成協力者会議の小学校道徳の委員に就任した。

両審議会の答申には、道徳教育の「目標」として、従来の「人間尊重の精神」に「生命に対する畏敬の念」が加えられていた。ここからわたくしは、シュプランガーが「生命に対する畏敬より以上に高い宗教はない」（『生の形式』一九一四年）と言っていることにも鑑み、「生命に対する畏敬の念」を培うことから、戦後教育でとかく等閑にされていた宗教心が育てられ得るのではないかと考えた。ちょうどこの頃にお会いした比叡山天台第二百五十三世座主山田恵諦猊下《えたいげいか》（一八九五—一九九四）から、「最近、心の時代とか心の教育とかが言われ、心が重視されてきたことは非常に結構なのですが、その心を心たらしめるものはどのように考えられているのでしょうか」と問われ、ハッとしたことも思い出される。そうして、伝教大師最澄を中心とした仏教思想や神道の精神を辿りながら日本古来の心を探り、これまでの教育学研究を基に宗教的情操涵養の在り方について考えていったのである。

ちなみにシュプランガーは、昭和一一年に来日して一年間にわたり各大学で講演を行っていただけに、日本の文化や宗教に対しても深い理解を示し、特に日本人のもつ自然崇拝と祖先崇拝の念を高く評価して、「非常に古い、この宗教的根本思想は、キリスト教ではほとんど消え失せてしまひました。この宗教的根本思想をよく理解する時、人々はそのうちに、生の連鎖と同時に死の連鎖とを堅く捉へる美しい思想を発見するのであります」とまで言っていた（シュプランガー『日本文化の印象』早稲田大学、昭和一二年）。

当時わたくしは、滋賀県道徳教育振興会議の会長を務めていたので、ここで早速、平成八年度には「いのちを大切にする心を育てる」を、さらに同九年度には「人間の力を超えたものへの畏敬の念を深める」を主題として、学校・園での実践事例をも踏まえながら論議した。そして、それを元にして担当指導主事とわたくしで原案を作成し、全委員の同意を得て県教育委員会に提言として提出したのである。なお、この提言は県の担当指導主事から全国道徳教育指導主事会議の席上で全員に配布されたと聞いている。

ちなみにこの提言は、朝日新聞社編集長の菅原伸氏の著書『宗教をどう教えるか』（朝日新聞社、平成一一年）の中で厳しく批判されている。「この報告には、《〝いのちをいとおしむ心〟は、日本人に固有な自然崇拝と大乗仏教との精神が見事に結びついたわが国古来の思想である》と書いてあったが、この見事な結合とは、仏教でいう〝仏性〟を人魂《ひとだま》のようなものと見なして、神道の神々と結び付けた神仏習合の考え方である。……〝聖なるもの〟や〝生命の根源〟といった宗教的感情、あるいは〝実存〟といった根元的目覚めは、アニミズムの世界とはまったく違う次元のことなのだ」と言うのである。菅原氏は二年半にわたり、「宗教と教育」に関する記事を朝日新聞に毎週一回連載し、そのためにわたくしの所にも何回か取材に来た。私見には極めて好意的・共感的であり、紹介した旧近江町立ふたば幼稚園をも訪問し、林勉園長の指導の下に行われている「いのちの教育の実践」を高く評価し、それを「インコの葬式――死の冷たさを実感させる」として全国版に大きく報道もした（平成九年一月二一日夕刊。なお、拙著『生きる力と豊かな心』東信堂、平成九年九月。に再録）。にもかかわらず、この批判であり、それはいかにも主観的・独断的である。これに対しては、拙編著『日本教育の再建――現状と課題、その取り組み』（東信堂、平成一三年。林勉氏も本書第5章に「〝やまんば広場〟のロンス」を寄稿）の中で厳しく反論しているので、ここでは繰り返さない。ともあれ菅原氏の論説は、武蔵野女子大学教授杉原誠四郎氏も言うように、「一見宗教に理解を示しているように見えるが、政教分離の問題を深く考えてはいないので、結局は、やはり宗教教育の公教育から締め出しに手を貸している」（『仏教教育ニュース』第一六号。日本仏教教育学会、一二年七月）ものと考えざるを得ないのである。

ともあれ、宗教的情操とは何かについては、いまだに理解されているとは言い得ない。それればかりか、情操教育についてさえも十分ではないように思われるのである。例えば拙著『「畏敬の念」の指導――こころ・いのち・体験』（明治図書、平成五年）に対する批判である。元文部省視学官であった大妻女子大学教授の金井肇氏が「道徳教育とは本来何であるか、子どもにとってどれほど大切なものであるか、教師はどんな姿勢で指導に当たればよいか、新たに〝目標〟に加えられた〝畏敬の念〟を起点として、基本のところから解き明かしたのが本書である」（『道徳教育』四一七号。明治図書、平成六年四月）と、また、同じく元視学官で前島根大学教授の瀬戸真氏がこの書は「その序文にあるように、まず、教育に求められる〝こころ〟から導入され、その本体としての〝いのち〟に言及され、いのちの尊さをとくに〝生命に対する畏敬の念〟を追求することによって明確にしようと試みている。……畏敬の念が、知識、理解を超え、しかも、知識、理解とともにあること、それは〝大いなるものに生かされて生きる〟ことに通ずるという先生の主張、つまりは今回の学習指導要領道徳において最も重視した根底をなす部分と軌を一にする。学習指導要領の理解が表面的なものに止まってしまいがちな現状に対し、本書が、教育の本質からの理解の必要性への覚醒と、しかも、具体的な日々の指導への気付きを具体的に例示し、読者への十分な配慮がなされている」（『小学校教育』七巻三号。教育開発研究所、平成六年三月）と、高く評価して下さっている。

ところが公立中学校教諭の柴田康正氏は雑誌『教育』（教育科学研究会編集。平成一四年三月号。国土社）に「学習指導要領における〃宗教的情操〃——〃生命に対する畏敬の念〃をめぐって」と題する長論文を寄せ、その中で拙著を厳しく批判している。まず、わたくしがある都市の学校長等管理者研修会に招かれて、道徳教育の「目標」に新たに加えられた「生命に対する畏敬の念」について説き触れ、それと関わって「内容」にある「人間の力を超えた大いなるものへの畏敬」についても述べた際に、後で一聴講者から「自然も、生命も、すべて科学によって解決される。にもかかわらず、〃人間の力を超えたもの〃とは、いったい、何なのか。〃畏敬〃などという考え方には、とうていついていくことができない」という意見が出され、わたくしは「唖然とせざるをえなかった」が、「このような科学万能主義、人間絶対主義が、今日の教育界に、案外、多いのかもしれない」と、前著の中で指摘していることに対して、彼はむしろ「現場の教師にとっては、これが当然の反応であろう。管理職にもかかわらず、勇気ある発言である」として、この聴講者を賛美しているのである。

それだけに、柴田氏はわたくしが「畏敬という宗教的ニュアンスをもつ言葉が道徳教育の目標のなかに姿を表したことの意義」の大きさを強調し、「宗教的情操」によってこそ、「人間尊重の精神」は体現すると言っているとし、そこには、「憲法や教育基本法の理念に即して、人間への信頼や理性的で科学的なものの見方・考え方を身につけさせせ、一人ひとりをかけがえのないものとして尊重するという視点はない」と、厳しく批判することになる。また、道徳の「内容」が、（1）主として自分自身に関すること、（2）主として他の人とのかかわりに関すること、（3）主として自然や崇高なものとのかかわりに関すること。（4）主として集団や社会とのかかわりに関すること、という、四つの視点によって構成され重点的に示されているが、これについてわたくしが「視点（3）が三番目に配置されているのは、人間の力を超えたものや崇高なものの存在に気付き、それに対して畏敬の念を抱くことから、自分及び他人とのかかわりが非常に深まったものとなっていくし、それを基盤として大きな集団、あるいは世界へと広がっていくならば、人類愛にしても本物となっていくと考えられるからだ」と説明していることに対して、彼はこれを「自らは小さな存在だが〝生かされている〟ことの感謝と〝人間を超えたものに対する〟尊敬の念をもって、国家の中で愛国心をもって生きることを刷り込まれていく仕組みになっている。これが、文部科学省のいう〝宗教的情操〟のめざしているのの正体である」と切りつけるのである。ともあれ彼にとっては、「〝生命に対する畏敬の念〟による〝宗教的情操〟の教育には重大な問題があると言わざるを得ないのである」。誠に驚くしかない。

次に、『季刊　戦争責任研究』第44号（2004年夏期号）に掲載された鈴村明氏の論考「『心のノート』と民間教育臨調――『心のノート』をめぐる黒い潮流」である。鈴村氏は「日本の教育改革」有識者懇談会（略称「民間教育臨調」）の設立によって教育基本法改悪に向けた運動が拡大していくことに危惧し、特に文部科学省から出された道徳補助教材『心のノート』との関わりで以前から注目していた道徳教育学者や道徳教育関係者のほとんど全員がその代表委員となっていることが明らかになったとし、一、教育勅語を賛美する尾田幸雄氏、二、「期待される人間像」を礼賛する金井肇氏、三、「畏敬の念」教育を推進する村田昇、四、国家への感謝の心を強調する廣池幹堂氏、五、特設「道徳」を推進してきた勝部真長氏、六、アメリカ式人格教育を強調する上寺久雄氏、の六人を特定している。そうして、各自の所説を一面的に論い、そこに「『心のノート』事業と教育基本法改悪勢力との結びつき」が見出されるとし、「黒い潮流が浮き彫り」となるとするのである。特に『心のノート』の作成で最も中心的な役割を果たしたのが当時の文部科学省教科調査官押谷由次氏であるが、彼は滋賀大学で村田から学んだだけに、『心のノート』には「同氏が強調する〝考え方〟が貫かれている」とまで主張し、特にそこで「生命の連続性」を自覚するように作成されていること等は危険であるかのようにニュアンス付けている。

さらに、学校労働者ネットワーク「心のノート　ガラガラポン」にしても、「日本の教育改革」有識者懇談会（略称「民間教育臨調」）編『なぜいま教育基本法改正か』（PHP・平成一六年六月）に掲載された論考を取り上げ、そこでの金井肇氏の考える「愛国心教育」は、「戦争の際に求められるべき自己犠牲的精神を重視し、自己犠牲的な心の美しさを教えるべき、と繰り返すものであり、これは〈戦争する国〉の道徳であると断定している。また、「畏敬の念」教育を強調する村田がこの書の中で展開している「日本の心」論は、「自然崇拝、祖先崇拝、天皇崇拝」の三つの要素をもつ「神道」のイメージを取り入れたものであり、それが『心のノート』（中学校版）と見事に一致しているとしている。また、「大いなる者に手を合わせて畏怖畏敬の念を抱いて、己の小ささを自覚して慎ましやかに生きる」こと（鎌田東二）や、「単にお世話になった人に対してだけでなく、いわば生かされて生きていることを感得し、それに対する感謝の念から、そのご恩に応える」こと（報恩＝感謝の念）は、何か不当なものであるかのように述べられているのである。

いまだにこのような論が一部マスコミや教育界に風靡しているとしたら、我が国の将来にとって実に憂えるべき問題である。口では「生命を大切にする教育」と言ってはいても、その生命の真義が体得されていない限り、世相の悪化を招くばかりか、人命を安易に殺傷するような事件も後を絶つことができないであろう。彼等の論に対してここで反論するいとまはないが、わたくしとしては、このような人間絶対主義・科学万能主義を信じる人たちが、かのソクラテス（Sokrates, 469 - 399B.C.）が言った「汝自身を知れ」に深く思いを致し、人間としてのごく当たり前の常識感覚に立ち返ってくれることを念じるばかりである。

このことは、教育基本法の改正にも関係する。教育基本法の改正と関わって日本宗教連盟（神社本庁、教派神道連合会、全日本仏教界、新日本宗教団体連合会、日本キリスト教連合会）は宗教的情操教育の必要性を唱える意見書を中央教育審議会に提出したし、超党派議員連盟による教育基本法改正案には「宗教的情操の涵養は、道徳の根底を支える人格形成の基盤となるものであることにかんがみ、教育上特に重視するものとする」と明示されており、また民主党の同改正案にも「宗教的感性の涵養及び宗教に関する寛容の態度を養うことは、教育上重視されなければならない」と記されている。にもかかわらず、政府与党案だけにはそれが見られない。それは公明党の幹部が「宗教的情操というものは、一宗派に入って修養するぐらいでなければ不可能。憲法違反の恐れもある」として反対したからと言われているが、この幹部の宗教的・教育的見識が疑われてならない。宗教的情操が特定の宗派の教義に基づくものでは決してなく、日本古来の心、日本人としてのアイデンティティに根ざすものであることが再認され、幼少期から根づくことなしには、我が国の精神的再生はなされ得ないと言うべきであろう。

ここで掲載されている拙論は、日本の心の蘇りに少しでも資することができればとの強い願いからなされたものであるとはいえ、まだまだ十分なものとは言い得ない。それだけに江湖のご高批を頂ければ幸甚である。

■著者紹介

村田　昇（むらた　のぼる）

大正15年、大津市に生まれる。滋賀県立膳所中学校、広島高等師範学校を経て、昭和26年、広島文理科大学教育学科を卒業。滋賀大学学芸学部助手、講師、助教授を経て、昭和45年、滋賀大学教育学部教授。平成4年に停年退官し、滋賀大学名誉教授。引き続き、京都女子大学に契約教授として勤務し、平成12年に退職。教育哲学専攻。教育学博士。昭和44年度文部省在外研究員として、ドイツ・ハンブルク大学に留学。昭和49年総理府日本青年海外派遣団アフリカ班団長として、東アフリカ諸国を訪問。その間、教育哲学会理事、滋賀県青少年育成県民会議会長、保護司、滋賀県公安委員長等を歴任し、現在、「日本の教育改革」有識者懇談会（略称「民間教育臨調」）代表委員兼学校教育部会長。

［主要著訳書］『現代道徳教育の根本問題』明治図書、昭和43年。『国家と教育──シュプランガー政治教育思想の研究』ミネルヴァ書房、昭和44年。『教育の実践原理』ミネルヴァ書房、昭和49年。『現代道徳教育論』（編著）ミネルヴァ書房、昭和49年（全訂版、昭和60年。新版、平成2年）。シュライヒャー編『家庭と学校の協力──先進八ヵ国・悩みの比較』（監訳）サイマル出版会、昭和56年。『教育哲学』（編著）東信堂、昭和56年。『道徳教育』（編著）東信堂、昭和56年。『現代教育学』東信堂、昭和61年。シュプランガー『教育学的展望──現代の教育問題』東信堂、昭和62年。『日本教育の原点を求めて──伝教大師と現代』（編著）東信堂、平成元年。『道徳教育への期待と構想』（共編著）文渓堂、平成元年。『学校と家庭、地域との連携』（共編著）文渓堂、平成元年。シュプランガー『人間としての在り方を求めて』（共訳）東信堂、平成2年。『新しい道徳指導のポイント』（共編著）東京書籍、平成3年。『「畏敬の念」の指導──心・いのち・体験』明治図書、平成5年。『これからの社会教育』東信堂、平成6年。『シュプランガーと現代の教育』（編著）玉川大学出版部、平成7年。『シュプランガー教育学の研究』京都女子大学研究叢刊、平成8年。『生きる力と豊かな心』東信堂、平成9年。シュプランガー『人間としての生き方を求めて』（共訳）東信堂、平成9年。『パウルセン／シュプランガー教育学の研究』京都女子大学研究叢刊、平成11年。『日本教育の再建──現状と課題、その取り組み』（編著）東信堂、平成13年。『日本教育の危機とその克服』東信堂、平成13年。『道徳の指導法』（編著）玉川大学出版部、平成15年。『戦後教育の反省とその再生』学事出版、平成17年。『ふるさとからの教育論──近江の心に育てられて』サンライズ出版、平成17年。『学校教育の再生──日本の教育改革をどう構想するか・民間教育臨調の提言2』（編著）学事出版、平成17年。『国と教育の在り方を求めて』サンライズ出版、平成18年。その他多数。

［現住所］滋賀県大津市仰木2-3-37（〒520-0247）

伝教大師《でんぎょうだいし》と日本の心

発行日　2006年11月3日

著　者　村《むら》　田《た》　　昇《のぼる》

発行者　岩　根　順　子

発行所　サンライズ出版株式会社

滋賀県彦根市鳥居本町655-1
TEL0749-22-0627
http://www.sunrise-pub.co.jp/

印　刷　サンライズ出版株式会社

ISBN4-88325-313-9